행복의 7가지 열쇠

1판 1쇄 인쇄일 2011년 6월 5일
1판 1쇄 발행일 2011년 6월 8일
지은이 박상돈
발행처 아가페상담연구소
등록일 2011년 5월 16일. 제 2011-06호
주 소 경기도 광주시 오포읍 양벌리
연락처 02-2662-2932 / 010-5894-2961
메 일 foje@naver.com
ISBN 978-89-966609-0-3 03230
책 값은 뒤표지에 있습니다.

7 Keys of Happiness

by Park Sang Don

Park Sang Don Ministries

538-39 Bangwhadong, Gangseogu, Seoul, Korea
All Rights Reserved

2011/ Korean by Agape Counseling Institute
Translated and Published by Permission Printed in Korea

7 Keys of Happiness

행복의 7가지 열쇠

by Park Sang Don

아가페 상담연구소
Agape Counseling Institute

사랑하는   님께

인 생의 여정 가운데 하나님의 사랑과
축복이 늘 가득하게 되시기를 바라며
이 책을 마음에 담아 드립니다,

                              드림

차례

머리말

본서는 정해진 문학적 틀이나 장르(genre)를 초월한 상담적 설교집 혹은 수상록(隨想錄)으로서 인생의 여정에서 행복을 찾는 이들을 위한 성경적 행복지침서라고 할 수 있습니다.

이 책은 하나님의 사랑 안에서 서로 위로와 격려를 나누면서 좋은 행복을 더불어 나누도록 하기 위해 쓰여 졌습니다.

본서 안에는 성경적인 교훈과 상담 심리학적 이론 및 예화, 유머들이 성경을 바탕으로 함께 어우러져 있으며 우리 인생을 전인적으로 풍성하게 만드는 행복의 열쇠들이 무엇인지에 관한 내용들이 담겨 있습니다.

그러기에 이 책은 교우들 뿐만 아니라 처음으로 신앙을 접하는 분들을 위한 행복지침서로 사용될 수 있습니다.

또한 회복과 증진을 위한 상담적 소그룹에서 생활훈련을 위한 교재로도 사용될 수 있는데, 교회에서나 소그룹 등에서 이 책에 나온 행복의 열쇠들에 대해 하나씩 살펴보면서 함께 그 열쇠에 관련된 지침들을 생활 속에서 훈련해 나간다면 그 결실이 풍성하게 되리라고 봅니다.

이 책에서는 행복한 사람들의 삶의 특징이 일곱 가지임을 말하고 있습니다. 본서는 이러한 7가지 특징적 요소가 무엇인지를 보여줍니다.

그렇다면 어떤 사람들이 삶의 여정 속에서 참된 행복을 누리며 살까요? 또한 행복한 사람들의 삶의 특징은 무엇일까요?

첫째, 행복한 사람은 성숙을 지향합니다.

사람들은 일반적으로 인격적인 성숙보다는 성취나 성공을 추구합니다. 그러나 진정한 행복은 먼저 내적인 성숙에 초점을 맞출 때 이뤄집니다. 역사상 풍성한 행복을 향유했던 사람들은 예외 없이 성취보다 내적인 성숙을 먼저 추구했던 사람들입니다.

둘째, 행복한 사람은 건강한 자아상을 갖고 삽니다.

자신을 소중히 여길 때 인생은 건강한 만족감과 행복감을 갖게 됩니다. 하나님의 사랑 안에서 자신의 존재를 소중히 여기는 사람들은 자신을 따듯하게 용납하고 사랑합니다. 정서적인 여유 공간이 생기게 되고 상대방을 품어줄 수 있는 삶이 됩니다. 그러기에 건강한 자아상은 행복한 삶의 기초와 출발점이 됩니다. 건강한 자존감을 가진 사람은 현실인식을 지니면서도 동시에 삶의 의미를 성경적으로 잘 해석해 냅니다. 또한 의미 있는 사랑의 인간관계를 맺으며 살게 되는 것입니다.

셋째, 행복한 사람은 긍정적인 생각을 갖고 삽니다.

그들은 현재와 미래를 향한 수준 높은 긍정성을 갖고 삽니다. 비관하지 않고 하나님의 사랑의 약속에 근거한 거룩한 낙관의 삶을 삽니다.

하나님은 우리가 부정적인 생각으로 낙심하며 살기를 원하지 않으십니다. 부정적인 생각이 부정적인 삶의 결과를 낳기 때문입니다.

반대로 하나님은 우리가 하나님의 사랑을 기억하면서 긍정적인 생각을 갖고 기쁘고 밝게 살기를 원하십니다. 스트레스를 받더라도 그 마이너스에 줄 하나를 수직으로 그어서 플러스 생각으로 바꾸면 우리 마음과 몸에 좋은 행복의 호르몬들이 샘솟듯 생겨나게 됩니다.

넷째, 행복한 사람은 일상 속에서도 감사하며 삽니다.

사람은 감사할 때 행복합니다. 하나님께서 우리를 지으실 때 우리가 만족한 삶을 살도록 하시기 위해 감사라는 영적 윤활유를 주셨습니다.

감사와 행복은 정비례합니다. 우리 마음과 삶에 감사가 많아지면 행복도 많아지고 감사로 가득하면 행복도 가득합니다.

감사는 소금과 같습니다. 방금 삶아낸 따끈따끈한 감자는 호호 불면서 먹으면 좋습니다. 그런데 그 감자도 소금을 약간 찍어야 맛있습니다. 감사는 소금과 같아서 감사해야 행복의 맛이 생깁니다.

다섯째, 행복한 사람은 기뻐하고 웃으며 삽니다.

기쁨과 웃음은 햇빛과 같습니다. 기쁜 마음, 웃는 마음으로 살면 모두에게 양약이 됩니다. 행복의 보약이 됩니다.

우리가 웃을 수 있다는 것은 축복입니다. 이 세상에는 아름다운 보석이 많지만 그 중에서 가장 귀한 보석은 웃음입니다. 웃음은 참으로 신비한 힘을 지녔습니다. 만약에 사람에게 웃음이 없었다면 인생의 스트레스를 견디지 못할 것입니다. 그러나 우리를 사랑하시는 하나님은 웃음을 우리에게 주셔서 우리 정서가 부드럽게 순화되고 치유되도록 만드셨습니다.

여섯째, 행복한 사람은 사랑하며 삽니다.

사랑은 우울증, 질병, 심지어 생명을 치료하는 최고의 좋은 약입니다. 어떤 사람은 인간관계를 개선하자 조울증이 말끔히 사라졌습니다.

어디에서든지 따듯한 사랑의 인간관계를 잘 맺고 살면 정신적, 육신적 건강이 크게 증진되고 개선된다는 것이 이미 밝혀졌습니다.

물질적인 성공이 행복의 결정적 요소가 아닙니다. 사랑의 삶이 행복의 결정적인 요소입니다. 참 사랑의 관계가 인생을 행복하게, 아름답게 만듭니다. 우리는 하나님을 사랑하고 이웃을 사랑하는 삶을 제일로 여겨야 합니다. 사랑의 삶은 인생 행복의 최대 요소입니다.

일곱째, 행복한 사람은 타인을 축복하며 삽니다.

상대방을 존중히 여기는 마음을 잘 전해주면 상대방에게만 아니라 축복하는 당사자의 마음에도 행복과 기쁨의 향기가 풍성하게 깃듭니다.

가정에서나 직장에서도 상호 간에 그 소중함을 존중해주어야 합니다. 그리고 그러한 존중을 바탕으로 서로를 축복하며 살 때 사람은 행복하게 됩니다. 우리가 행복한 삶을 살려면 사랑으로 축복하는 삶을 살아야 합니다. 여기에 행복한 인간관계의 결정적인 비결이 있습니다.

결국 사람이 성숙을 추구하며 살 때, 자신을 소중히 여기며 살 때, 긍정적인 생각과 희망으로 살 때, 늘 감사하며 살 때, 기뻐하고 웃으면서 살 때, 그리고 사랑하며 살 때, 다른 이들을 아름답게 축복하며 살 때 인생은 행복해집니다.

그러나 사람이 역경과 고난을 만날 때 그러한 행복의 열쇠들을 잘 간직하며 살기란 쉽지 않습니다.

하지만 연은 바람이 불 때 오히려 뜨는 법입니다.

바람은 고난과 세파, 역경을 의미합니다. 그러한 바람이 불 때 연으로 묘사할 수 있는 우리의 인생은 오히려 아름답게 축복의 창공을 향해 날아오를 수 있습니다.

그만큼 고난이나 역경은 우리에게 의미가 있습니다. 고난이나 역경들을 회피하면 진정한 삶의 가치와 행복을 누릴 수 없습니다.

오히려 고난이 올 때 그것을 우리로 하여금 창공으로 날아오르게 하는 바람으로 여기면서 잘 감내하면, 마치 바람으로 인해 연은 뜨게 되는 것처럼 우리 인생은 참된 행복의 창공을 향해 날아오르게 될 것입니다.

고난의 바람이 불어도 성숙을 추구하고, 자신을 소중히 여기며, 바람이 불어도 긍정적으로 생각하고, 감사하고 웃으며, 타인을 사랑하고 축복하는 삶을 살 때에 참된 행복이 깃들게 될 것입니다.

이제 우리 앞에 펼쳐진 행복의 창공을 향해 함께 날아오르게 되기를 소망합니다.

1장 성숙
Maturity

01 / 냇물 안에 돌들이 있기에 냇물은 노래한다

"모세가 장성한 후에 한번은 자기 형제들에게 나가서 그들이 고되게 노동하는 것을 보더니 어떤 애굽 사람이 한 히브리 사람 곧 자기 형제를 치는 것을 본지라 좌우를 살펴 사람이 없음을 보고 그 애굽 사람을 쳐죽여 모래 속에 감추니라" (출 2:11-12)

성도들 숫자가 줄기를 바라는 목사님이 계셨습니다. 그분은 "하나님! 우리 교인들이 이제는 줄어들기를 원합니다" 라고 늘 기도하셨습니다.

그분은 다른 목사님들을 만날 때에도 늘 자신의 교회 성도들만은 줄어들기를 원한다고 하셨습니다. 그분은 왜 그러셨을까요? 그 목사님은 교도소 담당 목사님이셨기 때문입니다. ^ ^

사람들은 상황마다 다 다른 입장에 있습니다. 사람들의 외적인 면을 보고 판단하는 것이 아니라 그 상황이나 처해진 환경, 입장을 헤아릴 때에 더 깊고 넓은 마음으로 상대방을 대할 수 있습니다.

하나님은 우리의 인격이 성숙하게 되고 향기롭게 되기를 원하십니다. 하나님께서 귀히 쓰시는 사람은 내면적으로 성숙한 사람입니다. 인격적으로 성숙할 때 하나님의 영광을 향기롭게 나타냅니다.

특별히 하나님께서 쓰시는 축복의 통로가 되려면 예수님처럼, 요셉처럼 거친 감정의 담을 뛰어 넘을 줄 아는 성숙한 내면을 지녀야 합니다.

사람이 인격적으로 성숙해진다는 것은 한마디로 자신의 감정이나 충동을 적절하게 제어하고 통제하는 것을 뜻합니다.

출애굽기 2장에는 젊은 모세가 나옵니다. 모세는 당시 애굽에서 노예생활을 하던 동족들을 보기 위해 그들의 삶의 현장으로 갔습니다. 동족들의 삶을 돌아볼 마음이 그에게 있게 된 것은 의미 있는 일이었습니다.

하지만 괴롭게 일하는 동족들을 보고 모세는 큰 충격을 받았습니다. 학대를 받고 채찍에 맞는 동족들을 보며 그는 고통하는 백성들의 마음을 깊이 느꼈고 그들과 하나되는 감정을 체험했던 것입니다.

그러나 그 다음이 문제였습니다. 그는 동족을 학대하는 애굽 사람을 보고 분노하게 되었고 결국 그 분노를 폭발시켰던 것입니다.

세탁소 주인이 제일 좋아하는 차, 마시는 차는 뭘까요? 구기자차입니다. 옷들이 구겨지면 세탁소에 맡겨지니까 제일 좋아합니다. ^ ^ 반면에 우리 마음을 활짝 피려면 뭘 먹으면 될까요? 답은 피자입니다. ‘가슴을 피자!’ 라는 말이 있죠?. ^ ^

사람이 마음을 펴야지 증오심이나 파괴적인 분노심으로 구겨지면 삶은 왜곡됩니다. 젊은 모세는 증오심으로 얼룩져 동족을 학대하던 애굽 사람을 그 자리에서 죽였습니다. 모세는 충동적으로 반응했던 것입니다.

상담학에서는 자아분화(self differentiation)라는 용어가 있습니다. 사람이 자신의 감정을 얼마나 적절하게 통제할 수 있는지를 논할 때 쓰는 용어입니다. 특히 지적 기능이 감정적 기능에서 얼마나 잘 분화가 되어 있는가를 설명할 때 쓰이는 용어입니다.

어린아이들은 보통 지성과 감성이 분화가 되지 않은 채 그냥 버무려진 융합 상태로 삶을 살 때가 많습니다. 그래서 충동적으로, 감정적으로 행동을 하곤 합니다.

프로이드(Freud)에 의하면 영아, 유아들은 주로 원초아(id)를 중심으로 하여 욕구 중심의 삶을 살기에 생의 에너지인 리비도(libido)를 충동적으로 발산한나고 하였습니다.

그러나 사람이 성장하고 성숙하면 자아분화가 건강하게 이뤄지면서 현실적인 자아(ego)가 생성됩니다. 현실조절 기능을 제대로 감당하게 되고 윤리적 자아인 초자아(Superego)가 건강하게 발동될 수 있습니다.

그려면서 지적 기능과 감정적 기능이 잘 분화되면 사람은 각 상황에 맞게 지성과 감성을 적절히 사용하게 되는 것입니다. 한마디로 가슴은 뜨겁지만 머리는 차갑게 됩니다. 누구든 가슴도 뜨겁고 머리도 뜨거우면 안됩니다. 그러면 감정이 폭발합니다.

특히 사람들은 친밀하거나 가까운 사람들에게 감정적으로나 충동적으로 대하는 경우들이 종종 있습니다.

그래서 부부 간에 운전을 가르치지 말라는 말도 있습니다. 배우자의 사소한 실수를 잘 참지 못하기 때문입니다. 남의 자식을 가르치는 것은 쉬운데 자기 자녀 가르치기는 어렵다는 말도 있습니다. 그만큼 누구든 자신의 감정을 적절히 조절하는 냉철함을 지니기가 어려운 것입니다.

그러므로 어떤 사람이 지혜로운 사람인가? 심리학적으로는 자신이 처한 상황을 잘 파악하면서 상황에 대해 감정적으로나 충동적으로 대처하지 않고 선택 가능한 좋은 방안들을 적절히 선택하며 사는 사람입니다.

스트레스나 압박이 많은 상황에서도 감정적으로 대처하지 않고, 불안수준이 낮아서 평정심을 잘 유지하는 것도 성숙한 사람의 특징입니다.

성숙한 그리스도인들은 하나님을 믿고 신뢰하기에 상황에 흔들리지 않으며 건강한 마음으로 차분하게 삶들을 대처해 나갑니다.

그러나 당시에 모세는 동정심을 넘어 머리가 뜨거워지면서 정서적으로 균형을 잃었습니다. 충동적인 분노감으로 반응했던 것입니다.

예수님께서 겟세마네 동산에서 로마 군인들에게 잡히시던 그 밤에 제자 베드로는 칼을 빼서 예수님을 잡으려고 왔던 '말고'라는 사람의 귀를 내리쳤습니다. "아니면 말고!"라는 식으로 그 귀를 벴던 것입니다. ^ ^

하지만 예수님은 말고의 귀를 고치시면서 충동적으로 반응하던 베드로에게 이렇게 말씀하셨습니다.

잠언 12장 18절에서도 "칼로 찌름 같이 함부로 말하는 자가 있거니와 지혜로운 자의 혀는 양약과 같으니라" 고 하였습니다.

언어적이든, 물리적이든 그리스도인들은 헛되이 칼을 쓰지 말아야 합니다. 카리스마가 '칼 있으마' 가 되면 안됩니다♥

칼을 쓰면 도리어 그 칼로 해를 입습니다. 반면에 사랑의 지혜를 갖고 선하고 온유하게 대처하면 축복의 열매를 거두게 됩니다.

로마서 12장 17절에서도 "아무에게도 악을 악으로 갚지 말고 모든 사람 앞에서 선한 일을 도모하라" 고 하였습니다.

평정심을 잃고 젊은 모세처럼, 베드로처럼 충동적이면서도 극단적으로 대처하게 되면 삶의 균형을 잃게 되는 것입니다.

사람에게 자극이 수어지면 그에 대한 반응이 있기 마련입니다. 행동주의 학자들은 무조건 반응(Unconditional Response)이라는 용어를 사용했습니다. 개 앞에 맛있는 고기를 가져다 놓으면 개는 군침을 흘립니다. 사람 역시 시큼한 귤을 생각하면 침이 나옵니다. 무조건적인 반응입니다.

그런데 사람은 그러한 자연적 반응 뿐 아니라 부정적인 자극에 대해서도 부정적인 반응을 보이기가 쉽습니다.

상대방이 불쾌감을 줄 때 역시 상대방에게 불쾌감이 들도록 역반응을 하거나 과격한 분노로 맞대응을 할 때가 있습니다.

어떤 목사님이 성경공부 시간에 이런 질문을 하셨습니다. "여러분! 세상이 창조된 이래 가장 행복한 여자는 누구였을까요?"

그러자 어떤 교인이 손을 번쩍 들더니 이렇게 말했다고 합니다. "그 사람은 하와입니다. 하와가 제일 행복한 여자입니다. 왜냐하면 하와한테는 시어머니가 없었기 때문입니다" ^ ^

어떤 교인들은 시어머니와 같은 '시' 자라서 시편도 안 읽는다고 합니다. 또 어떤 사람은 며느리가 너무 싫어서 비슷한 발음의 멸치(며르치~)도 먹지 않는다고 합니다. ^ ^

우리는 가족 관계에서나, 이웃 관계에서나 역기능적인 반응을 하지 않도록 우리 자신을 잘 관리해야 합니다. 상대방과의 갈등 관계를 큰 사랑으로 풀어 낼 수 있어야 합니다.

베드로는 예수님에 대해 이렇게 증언합니다. "욕을 받으시되 대신 욕하지 아니하시고 고난을 받으시되 위협하지 아니하시고 오직 공의로 심판하시는 자에게 부탁하시며" (벧전 2:23)

예수님은 예수님을 대적하는 사람들에 대해 악으로 대처하시지 않았습니다. 오히려 사랑으로, 선으로 상대방들을 용서하며 승리하셨습니다.

데살로니가전서 5장 15절에서도 "삼가 누가 누구에게든지 악으로 악을 갚지 말게 하고 서로 대하든지 모든 사람을 대하든지 항상 선을 따르라" 고 되어 있습니다.

베드로전서 3장 9절에서도 "악을 악으로, 욕을 욕으로 갚지 말고 도리어 복을 빌라 이를 위하여 너희가 부르심을 받았으니 이는 복을 이어받게 하려 하심이라"고 말씀합니다.

하지만 젊은 모세는 아직 예수님을 충분히 닮은 상태가 아니었습니다. 아직은 감정과 충동의 지배를 받는 삶이었습니다. 그러나 훗날 그는 예수님 닮은 온유한 삶의 모습으로 빚어지게 됩니다.

민수기 12장 3절에서 하나님은 모세에 대해 "이 사람 모세는 온유함이 지면의 모든 사람보다 더하더라"고 말씀하셨습니다.

어떻게 모세가 그렇게 성숙하게 될 수 있었을까요? 모세는 젊은 시절 아직 하나님의 다스리심에 순복할 줄 몰랐던 모습이었습니다.

그러나 이후 모세는 가면 갈수록 주님의 다스리심에 순복하게 됩니다. 하나님은 혈기 왕성한 모세를 아무 것도 없는 광야로 가게 하셨고 그 광야에서 하나님의 통치를 경험하게 만드셨습니다.

40년 동안 그 광야에서 모세의 마음과 인격은 겸허함으로 깨어져 성숙한 인격으로 빚어지게 되었던 것입니다.

냇물 안에 돌들이 있기에 냇물은 노래할 수 있는 것처럼 훗날 모세의 내면은 광야의 돌들로 인하여 겸허하게 빚어지게 되었고 아름다운 선율을 내어 하나님께 영광 돌리는 인생이 되었던 것입니다.

하나님은 모세를 지극히 사랑하셨습니다. 그러나 혈기로 가득한 모세를 그냥 그 모습 그대로 사용하시지는 않으셨습니다. 하나님께서는 그를 온유한 인격으로 연단시키시기위해 고난의 광야로 인도하셨습니다. 그리고 그를 고난의 정(chisel)으로 빚으시고 단련하신 것입니다.

외적인 신분이나 계급, 물질적인 소유가 있다고 해서 하나님 앞에서 아름답게 쓰임 받는 것이 아닙니다.

오직 그 내면의 인격이 주님 안에서 성숙하게 빚어질 때 거기에 하나님 주시는 참 평강과 행복이 깃들게 됩니다.

그래서 하나님께서는 고난을 통해 인생을 성숙하게 만드시고 하나님 앞에서 쓰임 받는 아름다운 축복의 통로가 되게 만들어주십니다.

02 / 아름다운 무지개는 비를 맞고서야 볼 수 있다

"그들이 이르되 한 애굽 사람이 우리를 목자들의 손에서 건져내고 우리를 위하여 물을 길어 양 떼에게 먹였나이다 아버지가 딸들에게 이르되 그 사람이 어디에 있느냐 너희가 어찌하여 그 사람을 버려두고 왔느냐 그를 청하여 음식을 대접하라 하였더라"(출 2:19-20)

어떤 인디언 추장이 손자에게 말했습니다. "애야, 우리 마음속에는 두 늑대가 있다 한 마리는 사악한 늑대란다. 사악한 늑대는 미움, 교만, 질투, 절망, 욕심, 거만, 거짓, 자만심 이란다"

반대로 다른 한 마리는 선량한 늑대로 "기쁨, 평안, 겸손, 사랑, 소망, 믿음을 의미하지."

손자가 추장 할아버지에게 물었습니다. "그렇다면 두 늑대의 싸움에서 어떤 늑대가 이기나요?" 그러자 추장은 웃으며 대답했다고 합니다. "내가 먹이를 주는 놈이 이긴단다" ♥

우리의 마음도 어떻게 가꾸느냐? 어떤 것을 잘 기르느냐에 따라 인격의 성숙도가 결정됩니다. 하나님의 말씀으로 선한 마음을 잘 기르면 좋은 인격, 주님 닮은 행복한 인격이 됩니다.

사람들은 인생의 목적을 행복이라고 생각합니다. 철학자 아리스토텔레스(Aristoteles)역시 행복은 최고선이라고 했습니다. 하지만 엄밀히 말해서 행복이 인생의 진정한 목적은 아닙니다.

하나님은 우리가 행복하게 되기를 원하십니다. 하나님은 우리를 만드셨기에 우리가 어떻게 살면 행복할 지를 너무나 잘 아십니다.

그래서 하나님은 성경을 우리에게 주셨고 심지어 우리의 영원한 행복을 위해 독생자 예수님까지 우리에게 보내주셨습니다.

그러기에 신명기 33장 29절에서는 "이스라엘이여 너는 행복한 사람이로다 여호와의 구원을 너 같이 얻은 백성이 누구냐 그는 너를 돕는 방패시요 네 영광의 칼이시로다" 라고 말씀합니다.

하나님의 영원한 생명의 자녀가 되어 하나님 안에서 살아가는 사람들은 참으로 복된 사람, 행복한 사람이라는 뜻입니다.

하지만 그럼에도 인생의 근본 목적은 행복이 아닙니다. 오히려 인간이 그 본래의 목적대로 살 때에 좋은 행복이 부차적으로 따라오게 됩니다.

그렇다면 인간이 이 땅에 존재하는 진정한 목적은 무엇일까요?

웨스트민스터 신앙고백 교리문답서 제1문답에서는 이렇게 기록되어 있습니다. "사람의 제일 되는 목적은 하나님을 영화롭게 하는 것과 그분을 영원토록 즐거워하는 것이다"

우리 인생의 목적은 하나님이시며 하나님 영광을 위해 인생을 살게 될 때에 비로소 사람에게 참된 만족과 기쁨, 행복이 임하게 됩니다.

이사야서 43장 7절에서도 "내 이름으로 불려지는 모든 자 곧 내가 내 영광을 위하여 창조한 자를 오게 하라 그를 내가 지었고 그를 내가 만들었느니라" 고린도전서 10장 31절에서도 "그런즉 너희가 먹든지 마시든지 무엇을 하든지 다 하나님의 영광을 위하여 하라" 고 말씀합니다.

그렇다면 어떻게 해야 하나님께 기쁨과 영광이 되는 것일까요?
하나님께서 우리를 창조하신 이유는 예수님의 형상 즉 성품을 본받게 하기 위함이셨습니다.

로마서 8장 29절에서는 "하나님이 미리 아신 자들을 또한 그 아들의 형상을 본받게 하기 위하여 미리 정하셨으니 이는 그로 많은 형제 중에서 맏아들이 되게 하려 하심이니라" 고 되어 있습니다.

우리가 예수님의 선하심을 닮을 때 하나님은 기뻐하시며 영광 받으십니다. 인생의 참된 목적은 하나님께 영광이고 우리가 예수님을 닮을 때 하나님은 그것을 가장 영광스러워하시는 것입니다.

하나님은 사람들을 부르신 후에 예수님을 닮는 성숙에다가 우선적인 초점을 맞추어 그 삶을 인도하십니다.

하나님은 모세에게도 그러하셨습니다. 모세에게는 먼저 성숙함이 필요했습니다. 그리하여 그는 왕궁에서 떠나 광야로 가게 되었던 것입니다.

축구경기, 야구경기가 있죠? 그렇다면 사람들이 제일 싫어하는 경기는 뭘까요? 답은 불경기입니다. ^ ^

모세는 그야말로 인생의 힘든 불경기를 만났습니다. 왕궁에서의 화려한 생활은 끝이 났고 삭풍 바람이 부는 거친 광야로 나아갔습니다.

모세는 그 광야에서 미디안 족속 제사장의 딸을 만나게 되었고 결혼을 하게 되었습니다. 대제국 이집트의 왕자였던 그가 처가살이를 하면서 양들을 치는 궂은 일, 하찮은 일을 그것도 40년 동안 하게 됩니다.

그런데 역설적으로 그 광야에서 모세는 왕궁에서 도저히 배울 수 없었던 것들 풍성하게 배우게 됩니다.

하나님은 훗날 모세가 백성들을 광야에서 잘 이끌 수 있게끔 영성과 인격 등 전인적인 역량들을 훈련시키셨습니다. 모세는 광야 생활을 하면서 다음과 같은 것을 배웠습니다.

- 광야의 지리와 그 지질학적인 환경들
- 물과 음식 공급이 힘든 광야의 어려움
- 그러한 힘든 환경 속에서 살아가는 법
- 어려움 중에 있는 사람들의 고통을 헤아리는 것
- 겸허한 마음으로 살아계신 하나님을 의지하며 사는 법

결국 고난의 광야 40년 기간 동안 하나님의 손에 의해 모세는 모든 면에서 성숙하게 빚어졌습니다.

아름다운 무지개는 비를 맞고서야 볼 수 있는데 모세의 인생은 광야의 고난을 통해 하나님 안에서 무지개와 같이 아름답게 되었던 것입니다.

그런데 모세만 광야 40년 생활을 한 것이 아닙니다. 모세가 먼저 광야 생활을 했고 이후에 구약의 백성들 역시도 모세를 따라 40년 동안 광야 생활을 하게 되었습니다.

그리고 놀라운 것은 구약 백성들 뿐 아니라 영적으로 보자면 오늘날 우리 모두가 지금 광야생활을 거치고 있는 것입니다.

그렇다면 하나님은 왜 우리로 하여금 광야를 거치게 하시는 것일까요?

신명기 8장 2-3절에서는 "네 하나님 여호와께서 이 사십 년 동안에 네게 광야 길을 걷게 하신 것을 기억하라 이는 너를 낮추시며 너를 시험하사 네 마음이 어떠한지 그 명령을 지키는지 지키지 않는지 알려 하심이라 너를 낮추시며 너를 주리게 하시며 또 너도 알지 못하며 네 조상들도 알지 못하던 만나를 네게 먹이신 것은 사람이 떡으로만 사는 것이 아니요 여호와의 입에서 나오는 모든 말씀으로 사는 줄을 네가 알게 하려 하심이니라" 고 말씀합니다.

우리를 낮추시어 겸손하게 하시고 하나님을 바라보며 의지하는 복된 사람들이 되도록 우리에게 이 광야생활을 허락해주시는 것입니다.

그리고 광야생활이 힘들고 어려웠지만 하나님은 그들로 하여금 인생을 살아갈 수 있도록 도우시며 인도하셨습니다.

먹기 전엔 하나인데 먹은 뒤엔 두 개가 되는 것은 무엇일까요? 답은 나무 젓가락입니다. 음식을 먹을 때 나무젓가락은 결국 두 개가 됩니다♥

우리 역시 고난의 광야 생활을 통해 두 배의 은총을 누릴 수 있습니다. 하나님을 깊이 만나게 되고, 하나님의 사랑 안에서 성숙해지며 나아가 하나님 베푸시는 삶의 회복과 은총들을 체험하게 됩니다. 욥도 고난을 통해 갑절의 은혜를 체험했습니다.

단지 돈을 벌고, 성공하고, 우리만의 행복을 누리고 그것이 진정한 인생의 목적이 될 수 없습니다.

많은 사람들은 인생의 목적에 대해 착각하곤 합니다. 인생의 목적이 세상적인 것에 있다고 여기며 사는 것입니다.

하지만 인생의 가치와 목적은 거기에 있지 않습니다. 예수님을 닮는 것, 그래서 하나님께 기쁨과 영광이 되는 것, 그것이 인생의 목적입니다.

미숙함은 행복을 갉아먹는 녹과 같습니다. 반대로 우리가 주님 안에서 성숙해질 때 거기에 참 평강과 행복이 있습니다.

주님을 닮아 성숙해지면 감사와 평안과 기쁨과 은총이 있습니다. 요셉처럼 주님 사랑을 잘 전하는 축복의 통로가 됩니다.

그러기에 하나님은 사람이 예수님 닮게 되기를 원하고 계십니다. 거기에 우선적인 초점을 맞추시고 우리를 지금도 인도하십니다. 그것이 또한 모세를 광야로 보내신 목적이었습니다.

 아프리카의 한 부족의 마을 앞에는 넓은 강이 있다고 합니다. 사람들은 세찬 물결을 이기고 안전하게 건너기 위해서 큰 돌을 등에 짊어집니다. 돌이 무거울수록 생존확률이 높아집니다.

 우리가 짊어진 삶의 무게, 고난, 그것은 고통스러운 짐이 아니라 오히려 우리의 인생을 더 복되게 만드는 힘이 될 수 있습니다.

 진정한 행복은 최첨단 가전제품이나 명품 의상, 수익이 보장된 주식이나 돈과 부귀영화를 통해 주어지지 않습니다.

 에베소서 4장 15절에서 "오직 사랑 안에서 참된 것을 하여 범사에 그에게까지 자랄지라 그는 머리니 곧 그리스도라"

 예수님을 향해 성장하고, 예수님 안에서 성숙해지라고 말씀합니다. 그것이 우리 인생의 참된 목적이라고 하십니다.

 그러므로 우리는 남은 생애, 인생의 목적을 내적인 성숙, 인격적인 성숙에 두어야 합니다. 성숙을 위해 살다가 넘어져도 주님의 사랑을 힘입어 다시 일어나 계속해서 인생의 성숙, 즉 사랑으로 인생을 사는 그 삶의 성숙을 향해 나아가야 합니다. 거기에 내면의 치유와 회복, 증진, 나아가 인생의 기쁨과 환희가 있기 때문입니다.

03 / 생선은 소금에 절여야 썩지 않는다

"모세가 그와 동거하기를 기뻐하매 그가 그의 딸 십보라를 모세에게 주었더니 그가 아들을 낳으매 모세가 그의 이름을 게르솜이라 하여 이르되 내가 타국에서 나그네가 되었음이라 하였더라"(출 2:21-22)

어떤 순진한 사람이 동사무소에 첫 출근하는 날이었습니다. 그런데 첫 출근을 하자마자 어떤 아주머니께서 동사무소에 들어오시더니 이렇게 이야기하는 것이었습니다.

"저기요~ 사망신고를 하러 왔는데요!" 그러자 그 사람은 처음 대하는 민원이라 너무나도 긴장해서 그만 이렇게 이야기 했습니다. "혹시 사망신고 대상자가 지금 오신 본인이신가요?"

그러자 사망신고를 하러 온 아주머니는 당황해 하시면서 이렇게 이야기 했다고 합니다. "제가 잘 몰라서 그러는데요, 꼭 본인이 직접 와서 사망신고 해야 되는 건가요?" ^ ^

사람은 누구든 실수가 있고 완벽하지 않습니다. 서로 이해하면 행복하게 되는 그 행복한 삶의 비결을 더불어 배워나가길 소망합니다.

만일 누구든 인생의 목적을 돈 많이 벌고, 세상적인 명예, 성공을 얻는 것에다가 두면 허무감을 느낄 수밖에 없습니다.

하나님은 그런 목적을 위해 우리를 창조하지 않으셨습니다. 우리는 하나님의 영광을 위해 창조되었습니다. 그리고 그 영광을 잘 나타내려면 예수님을 닮는 영적, 인격적 성숙함이 있어야 합니다.

그러기에 우리는 성숙에다가 우리 삶의 초점을 맞추어야 합니다. 성숙해질 때 우리에게는 참 기쁨과 평안, 행복이 깃듭니다.

하나님은 성숙을 위해 모세를 미디안 광야로 이끄셨습니다. 그리고 오늘날 우리에게도 험난한 이 광야 생활을 허락하십니다.

그러므로 고통에는 뜻이 있습니다. 하나님은 하나님의 사람들에게 고통을 허락하심으로 그분의 뜻을 친히 이루어가십니다.

고진감래(苦盡甘來)라는 말도 있습니다. 고통 후에는 기쁨이 온다는 뜻입니다. 서양에도 'no pain, no gain' 즉 "고통 없이는 얻는 것이 없다"는 말이 있습니다.

생선이 소금에 절여지지 않으면 그 생선은 썩게 됩니다. 우리 인생도 저리고 시린 고난을 통해 싱싱하게 되고 아름답게 빚어집니다.

러시아의 대문호 도스토예프스키를 위대하게 만든 것은 간질병과 사형수로서의 삶이었습니다.

그는 "고통이야말로 인생이다. 인생에 고통이 없으면 무엇으로 만족을 얻을 것인가?" 라고 말했습니다.

‘어린 왕자’, ‘야간 비행’ 등 주옥같은 작품을 남긴 생텍쥐페리(Saint Exupery)는 귀족이었지만 그것 때문에 멋진 작품들을 남기지 않았습니다. 오히려 그는 공군에서 제대한 뒤 오랫동안 대기 발령자로 살아가야 했기 때문에 훌륭한 작품을 쓸 수 있었다고 합니다.

베토벤을 위대하게 만든 것도 온갖 삶의 어려움들과 청각마비라는 음악가 최대의 고통이 있었기 때문입니다. 이처럼 고통에는 하나님의 사랑의 뜻이 담겨 있습니다.

하지만 하나님의 자녀들이 그 고통을 잘 감내하면 보상이 반드시 있습니다. 사람이 잃는 것이 있으면 얻는 것이 꼭 있기 마련입니다.

그래서 고통을 위장된 축복(Blessing in disguise)이라고 말합니다. 하나님은 참된 축복을 사람들에게 선물로 주십니다. 그런데 하나님의 그 선물을 싸고 있는 포장지는 고난과 고통입니다.

받을 때는 아프고 힘들지만 고난으로 싸여있는 그 포장지를 잘 풀어보면 그 안에는 하나님의 은총과 축복의 선물이 담겨 있습니다.

넓은 곳이란 하나님의 위로와 사랑, 은혜와 승리가 넘치는 곳입니다. 고난 속에서도 끝까지 하나님을 바라보며 인내하는 심령들을 하나님은 그러한 넓고도 충만한 곳으로 인도해주십니다.

고난 속에서 인내함으로 살아계신 하나님의 은혜를 알게 된 심령들의 삶은 한층 더 업그레이드됩니다. 영적, 인격적 수준이 높아집니다. 사람이 시험 문제를 잘 풀면 한 단계 더 올라가게 되는 것입니다.

어떤 초등학생이 쓴 역사시험문제에 대한 재미있는 답입니다.
문제는 이것이었습니다. "정약용의 형 정약전이 흑산도에서 저술한 우리나라 주변의 어족과 그 정보에 대해 저술한 책은?" 답은 '자산어보'
그런데 보통 학생들은 문제가 어렵기 때문에 답을 '목민심서' 라고 했습니다. 틀린 답이었습니다.
그런데 못 말리는 어떤 초등학생은 이렇게 답을 했다고 합니다. "정약전이 흑산도에서 저술한 우리나라 주변의 어족과 그 정보에 대해 저술한 책? 답은 월간낚시" ^ ^

시험 문제를 조금 틀리면 어떻습니까? 틀려도 인생의 시험을 풀기 위해 최선을 다하는 사람들은 그 삶이 향상됩니다.

어려운 문제 속에서 하나님을 만난 사람들의 그 믿음은 살아 있는 믿음, 어떤 고난에도 흔들리지 않는 정금 같은 믿음이 됩니다.

고난 속에서 하나님의 사랑과 위로를 체험한 사람들의 그 사랑은 예수님을 닮아 모든 사람을 품는 넓은 마음이 됩니다.

또한 고난 속에서 하나님께 희망, 즉 소망을 배운 사람들은 어떤 상황에서도 소망 중에 끝까지 굳건하게 사는 생애가 되는 것입니다.

그러므로 힘들고 어려울지라도 삶을 주님 안에서 긍정적으로 보며 사는 것이 참으로 중요합니다.

부정적인 생각은 후진기어와 같습니다. 우리 인생을 뒤로 가게 만듭니다. 그러나 긍정적인 생각은 전진기어와 같습니다. 주님 안에서의 긍정적인 생각은 우리 인생을 앞으로 가게 만듭니다.

고난 속에서 하나님을 바라보는 긍정적인 믿음을 지녀야 합니다. 하나님은 우리의 고통과 고생을 헛되게 하지 않으십니다.

어느 국문학자는 우리 민요의 ‘아리랑’ 은 ‘마음이 아리다’ 에서 유래된 말이고, ‘쓰리랑’ 은 ‘마음이 쓰리다’ 에서 유래한 것이라고 했습니다. 그 노래 안에는 모진 세월 속에서도 인내한 우리 민족의 삶의 애환이 담겨 있는 것입니다.

우리 민족은 환란과 역경들 속에서 많은 것을 터득해왔습니다. 인내, 끈기, 검소, 지혜 등 많은 장점들을 갖게 되었습니다.

극한 배고픔도 많이 겪어서 다른 민족들은 먹지 않고 버리는 물고기 창자나 내장까지 젓갈로 담아먹는 지혜를 배웠습니다. 명란젓갈 등 젓갈 종류가 100 여개도 넘습니다.

젓갈들이 있고 밥만 있으면 즉석에서 한 그릇 뚝딱 가능했던 것입니다. 고난을 통해 우리 민족은 그렇게 삶의 적응력을 높였습니다.

그처럼 고통은 인생에게 창의력이나 지혜를 가져다주기도 합니다. 고난은 가장 위대한 스승이 되곤 합니다.

태풍도 유익하지 않을 것 같은데 태풍은 바다를 선순환 시키는 작용을 한다고 합니다. 물고기들에게 산소와 좋은 먹이들이 제공됩니다. 태풍이 일면 어류들이 많아집니다. 나무도 바람을 잘 견디면 한층 더 성장하고 견고해집니다.

마찬가지로 하나님은 우리 인생을 좋은 작품, 아름다운 작품으로 빚으시기 위해 고난과 아픔들을 허락하십니다.

고통은 우리가 삶을 포기하라고 오는 것이 아닙니다. 우리에게 포기라는 단어는 오직 '배추 포기' 라고 할 때만 사용될 뿐입니다♥

우리는 고난을 도약의 기회로 삼을 수 있습니다. 무엇보다 고난을 직면하며 인내함으로 감당할 때 그 고난은 축복의 문이 됩니다. 고난을 회피할 필요가 없는 것입니다.

광야로 나간 모세는 더 이상 고난의 삶을 회피하지 않았습니다. 그는 애굽 왕자의 옷을 벗어버리고 광야 생활에 적응하게 되었습니다.

거기에서 가정을 이루고 자신이 낳은 아들을 '게르솜' 이라고 이름 지었습니다. '게르솜' 이라는 말은 '나그네' 라는 뜻입니다.

모세는 이전 애굽의 화려한 궁중생활을 그리워하지 않았습니다. 광야의 나그네라는 사실을 서글프게 생각하지 않았습니다. 역경의 광야 생활을 성실하게 직면하는 인생이 되었던 것입니다.

고난이나 현실을 직면하는 것은 쉽지 않습니다. 사람들은 흔히 고난이 오면 도피하는 길을 찾습니다. 현실이나 고통에서 도피하기 위해 사람들은 각종 중독에 빠지기도 합니다. 극단적으로는 생을 포기하도 합니다. 그러나 거기에는 답이 없습니다.

그러나 사람은 다시 옛날로 돌아갈 수 없습니다. 첫 사람 아담과 하와가 에덴을 떠나면서 인류는 다시 에덴으로 돌아갈 수 없었습니다.

사람은 다시 과거의 에덴으로, 혹은 애굽으로 돌아갈 수 없습니다. 사람이 현실을 피해 이전 에덴이나 애굽으로 돌아가려고 하는 것은 마치 이전 유아기로 돌아가려고 하는 것과 같은 것입니다.

우리는 지난 시간들로 되돌아갈 수 없습니다. 우리는 현실을 직면하면서 미래를 향해, 성숙을 향해 성장해야 합니다. 우리는 인생이라는 광야 사막을 거치면서 때로는 황폐한 고난과 불모의 땅을 만나게 됩니다.

그것을 통해 영적, 정신적 유아기에서 벗어나 더 깊은 의식의 수준, 즉 주님 닮은 성숙함을 향해 나아갈 수 있습니다.

육체가 자라날 때도 성장통(成長痛)을 겪는 것처럼 우리 영혼이 성장할 시기에도 고통이 찾아옵니다. 그 고통을 통해 우리의 불필요한 죄의 성품들이 잘려나가고 주님 닮은 성숙한 내면성이 증진되게 됩니다.

고통이 싫다고 인간적인 방법을 통해 다시 옛 에덴, 혹은 옛 애굽으로 돌아가려고 하지 말아야 합니다. 현재 주어진 고통을 받아들이고 인내하면 그 내면과 삶은 의미 있게 변화되는 것입니다.

우리에게 일어나는 어려움이나 문제나 일들에 대해서 그것은 하나님 안에서 우리의 성숙을 위해 계획된 것이라는 사실을 받아들여야 합니다.

우리 인생을 인도하시는 하나님을 바라보며 용기 있게 현실을 직면하면 길이 보이게 됩니다. 길을 비추시는 하나님을 만나게 됩니다. 하나님을 믿음으로 현실의 고난이나 고통을 용감하게 맞서게 되면 때가 되매 하나님 안에서 아름다운 은총과 승리가 주어지게 되는 것입니다.

시편 34편 19절에서 "의인은 고난이 많으나 여호와께서 그의 모든 고난에서 건지시는도다" 라고 하였습니다.

시편 71편 20절에서도 "우리에게 여러 가지 심한 고난을 보이신 주께서 우리를 다시 살리시며 땅 깊은 곳에서 다시 이끌어 올리시리이다"

시편 126편 5-6절에서도 "눈물을 흘리며 씨를 뿌리는 자는 기쁨으로 거두리로다 울며 씨를 뿌리러 나가는 자는 반드시 기쁨으로 그 곡식 단을 가지고 돌아오리로다" 라고 하였습니다.

고통은 위장된 축복입니다. 그러기에 끝까지 인내하며 고통의 광야 생활 곧 우리 현실의 삶을 피하지 않고 용기 있게 직면하는 것이 필요합니다.

고난 속에서 인내하며 살아가는 생애는 찬란하게 빛나게 될 것이며 하나님은 그러한 인생을 아름답게 빚어주실 것입니다.

04 / 연은 바람이 불어야 뜬다

"여러 해 후에 애굽 왕은 죽었고 이스라엘 자손은 고된 노동으로 말미암아 탄식하며 부르짖으니 그 고된 노동으로 말미암아 부르짖는 소리가 하나님께 상달된지라 하나님이 그들의 고통 소리를 들으시고 하나님이 아브라함과 이삭과 야곱에게 세운 그의 언약을 기억하사 하나님이 이스라엘 자손을 돌보셨고 하나님이 그들을 기억하셨더라" (출 2:23-25)

어떤 집에 남편이 아파서 의사가 급히 왕진을 왔습니다. 의사는 남편이 있는 방으로 혼자 들어가더니 얼마 후 가위를 달라고 소리쳤습니다. 깜짝 놀란 아내는 가위를 방으로 넣어주었습니다.

그러다가 몇 분이 지난 후 그 의사는 칼을 달라고 소리쳤습니다. 그러다가 얼마 뒤에는 망치하고 해머를 달라고 했습니다.

그래서 아내는 도대체 자신의 남편이 얼마나 중병이기에 의사가 그런가 하고 놀라서 방밖에서 소리쳐 물었습니다.

"선생님! 그이가 어떻게 아픈가요?" 그러자 방 안에서 의사는 이렇게 소리쳐 말했습니다. "예! 아직 모릅니다. 제 왕진 가방을 아직 열지 못했습니다"

우리는 웬만한 것에 너무 놀라지 말고 안심해야 합니다. 하나님께서 우리와 언제나 함께 하시며 우리를 사랑으로 인도하시기 때문입니다 ♥

한 사람의 행복은 무엇보다 그 사람의 성숙도에 달려 있습니다. 성숙과 행복지수는 정비례합니다. 인격적으로나 여러 면에서 성숙하고 성장하게 될 때 사람은 행복을 누리게 되는 것입니다.

그런데 성숙을 위해서는 건강한 변화가 필요합니다. 마음의 변화든, 삶의 변화든 좋은 변화가 없이는 성숙해질 수 없습니다.

애벌레도 나비로 성숙해지려면 딱딱한 껍질에서 벗어나야 합니다. 껍질을 깨는 일은 쉽지 않습니다. 만일 애벌레가 힘들다고 껍질 안에만 머물러 있다면 아름다운 나비가 될 수 없습니다.

마찬가지로 누구든 변화가 싫고 힘들다고 그대로 머물러 있으면 그 삶은 정체되고 끝내는 퇴보하게 됩니다.

사람들의 본성에는 변화에 대한 목마름이 있습니다. 자신의 삶이 좋은 방향으로 변화되는 것을 누구든 원합니다. 하지만 좋은 변화를 위해서는 대가(代價)를 치러야 합니다. 변화에는 고통과 수고가 동반됩니다.

연어처럼 자기를 거슬러야 하고 편안과 안일도 버려야 합니다. 고통을 직면하기 싫다고 변화를 추구하지 않는다면 인생에 있어서 좋은 결실들을 얻을 수 없습니다.

물론 참된 변화는 하나님의 은혜로 되는 것입니다. 동시에 그것은 우리가 하나님의 은혜 안에서 우리 자신을 쳐 복종시키고 의미 있는 고난이나 수고를 감수하면서 새로운 것들을 배움으로써 이뤄지게 됩니다.

그런 의미에서 하나님은 사랑하시는 사람들에게 종종 고난과 역경들을 허락하십니다.

출애굽기 22장에서는 애굽에서 고통 하던 구약 백성들의 모습이 나옵니다. 당시 백성들에게 애굽이 안주하기에 쉬운 곳이었다면 백성들은 하나님을 찾지 않았을 것입니다.

그 애굽에다가 둥지를 틀고 살려고 했을 것입니다. 애굽에 머무는 것은 참된 삶의 목적과 의미 없이 인생을 사는 것을 뜻합니다.

애굽에서 그들에게 어려운 고난이 있었기에 그들은 애굽에 머물지 않고 진정한 축복의 땅, 약속의 땅을 향해 나아갔습니다. 그들에게 고난은 하나님의 사랑의 은혜요 선물이었던 것입니다.

하나님은 이사야 48장 10절에서 말씀합니다. "보라 내가 너를 연단하였으나 은처럼 하지 아니하고 너를 고난의 풀무 불에서 택하였노라"

이순신 장군, 세종대왕, 율곡 이이, 퇴계 이황, 신사임당의 공통점은 무엇일까요? 답은 대한민국 화폐 전속모델입니다. ^ ^

그 역사적 인물들을 보면 다 고난들이 많았습니다. 편안한 상태에서 훌륭하게 된 사람들은 없습니다. 연은 바람이 불어야 뜨는 법입니다.

하나님은 고난을 통해 사람들을 영적으로 성숙하게 하십니다. 예수님은 풍랑 속에서 제자들에게 찾아오셨습니다. 출애굽 당시에도 하나님은 고통 속에 있는 백성들에게 찾아오셨습니다.

세계적인 상담학자 폴 투르니에(Paul Tournier)는 어릴 적 고아가 되어 이후 88년의 생애를 살았습니다. 하지만 그는 고통 속에서 하나님 아버지의 위로와 사랑을 알게 되었습니다. 그리하여 많은 사람들을 더 풍성하게 사랑으로 도울 수 있었습니다.

그는 "고통 없이는 사람이 변화될 수도, 성장할 수도 없다"고 했습니다. "모든 상실과 고통은 성숙한 창조성을 캐내기 위한 하나님께서 주신 기회"라고 말하였습니다.

어떻게 보면 고통과 시련은 중립적입니다. 어떤 사람들은 고통과 고난을 만났을 때 절망하고 원망하면서 삶을 포기하기도 합니다.

반면에 고난을 잘 대응함으로 더 잘 된 사람들도 많습니다. 고통에 대해 긍정적으로 반응하는 그 태도가 중요한 것입니다.

고난을 향해 긍정적으로 반응한다는 것은 고통을 단순히 불행과 절망으로 여기지 않고 하나님의 관점으로 생각하는 것을 뜻합니다.

고통은 하나님 안에서 변화와 성숙, 축복의 기회라고 여기며 생각하는 것이 성경에 입각한 생각입니다.

야고보서 1장 2절을 보면 이런 말씀이 나옵니다. "내 형제들아 너희가 여러 가지 시험을 만나거든 온전히 기쁘게 여기라"

특별히 고난의 때에는 하나님의 음성이 우리 마음에 잘 들리게 됩니다. 사람들은 흔히 자기 힘으로 잘 나갈 때는 하나님을 찾지 않습니다. 하나님의 도우심과 그 은혜의 필요성을 제대로 못 느낍니다.

하지만 고통은 인생을 연약하게 하며 헛된 자아를 깨뜨립니다. 그리고 그 때에 찾아오시는 하나님을 만나게 됩니다.

 어떤 아이가 뭘 모르고 도서관에서 소리 내어 책을 읽고 있었습니다. 그러자 사서 선생님이 와서 "애야! 그렇게 시끄럽게 읽지 마라! 다른 사람들이 책을 못 읽는단다" 라고 하였습니다.

그러자 아이가 이야기 했습니다. "선생님! 사람들이 책을 못 읽는다고요. 와! 부끄러운 일이다. 저는 여섯 살 때부터 책을 읽었는데…" ^ ^

인간이 자기 힘으로 뭔가를 성취한 것처럼 느끼면 미숙한 것입니다. 뭔가 자기 힘으로 된 것 같으면 자기를 의지하게 됩니다.

하지만 고난 속에서 자신의 한계를 알게 되고 그 한계 속에서 하나님을 찾으면 그 한계와 약함은 오히려 하나님을 만나는 은총의 기회가 됩니다.

고난은 나쁜 것이 아닙니다. 어려움은 변장된 축복입니다. 고통 때문에 잃는 것보다 얻는 것이 더 많게 됩니다.

사람은 고통을 주님 안에서 긍정적으로 해석해야 합니다. 우리의 신앙은 삶을 어떻게 해석하느냐 하는 것이 관건이 됩니다. 상담학 역시 삶에 대한 해석의 문제를 다루는 것입니다.

삶에 대하여 성경적인 관점을 갖고 건강하게 해석하는 사람들은 아름다운 결실을 얻게 됩니다.

동물 중에서 가장 긍정적인 동물은 뭘까요? 답은 돼지입니다. "열심히 하면 돼지! 웃어버리면 돼지! 참으면 돼지! 이해하면 돼지!" ^ ^

어떤 사람이 크고 작은 부정적인 일들을 만날지라도 합력해서 선이 되게 하시는 주님 안에서 그 일들을 긍정적으로 해석하고, 창조적으로 해석할 수 있다면 그 사람은 모든 것을 극복할 수 있으며 그 인생 자체도 아름답고 성숙하게 됩니다.

고통이나 연약함이나 부족함, 한계를 만났을 때 낙심을 버리고 우리는 오히려 기뻐할 수 있습니다.

고통과 고난, 연약의 긍정적인 면을 통찰하는 것이 필요합니다. 고통을 하나님의 안목으로 바라보고 고난을 변화와 성숙을 위한 축복의 기회로 여기는 것이 바람직한 것입니다.

고난의 때에 우리의 삶을 어루만지시며 아름답게 빚으시는 하나님의 손에 모든 삶을 맡길 때 고난은 더 큰 영광으로 이어지게 되는 것입니다.

그러므로 "나는 항상 고통 없이 편안해야만 한다"라고 생각하는 것은 비합리적인 생각, 비현실적인 생각입니다.

"오히려 고통 없이 얻을 수 있는 것은 아무것도 없으며 비록 내 자신은 고통을 좋아하지 않아도 우리 자신은 고통의 불편을 참아내고 견딜 수 있다” 고 여기는 것이 건강한 생각, 합리적인 생각입니다.

나아가 고통은 변장된 축복이며, 새로운 축복을 경험하기 위한 우리 인생의 귀한 과정이라고 여기는 것이 고난에 대한 성경적 사고입니다.

그러한 성경적인 생각을 갖고 고난의 바람이 불어도 성숙을 추구하는 사람들은 결국 자신의 삶을 보석처럼 빚으시는 하나님의 위로와 사랑, 그 인도하심을 체험하게 되는 것입니다.

1장 나눔을 위한 질문

1. 인생의 진정한 목적으로 무엇이라고 생각하시나요? 자유롭게
   이야기 해보세요.

2. 내적인 성숙과 행복은 어떤 상관관계가 있다고 생각하시나요?

3. 성숙한 사람들의 일반적인 특징은 무엇이라고 생각하십니까?

4. 소위 지혜로운 사람들의 삶의 특징은 무엇이라고 생각하시나요?

5. 고난은 변장된 축복이라는 말은 어떤 뜻일까요?

6. 고난은 어떤 면에서 우리에게 유익할 수 있나요? 고난은
   우리의 성숙에 어떤 긍정적인 기여를 할 수 있나요?

7. 영적, 인격적 혹은 지정의(생각, 감정, 의지적 행동)의 성숙을
   위해서 우리가 할 수 있는 일들은 무엇인가요?

*유머퀴즈 : 늘 이사만 다니는 동네는 어디일까요? (답은 뒷장에)^^

(답 : 방배동(방빼동)) ~ 방을 늘 빼라고 하니까^^

2장 자아상

Self-image

05 / 건강한 자아상이 행복의 열쇠이다

"그러나 너희는 택하신 족속이요 왕 같은 제사장들이요 거룩한 나라요 그의 소유가 된 백성이니 이는 너희를 어두운 데서 불러내어 그의 기이한 빛에 들어가게 하신 자의 아름다운 덕을 선전하게 하려 하심이라" (벧전 2:9-11)

세차장을 운영하고 계신 어떤 분이 계셨습니다. 그런데 그날따라 비가 많이 왔습니다. 비가 오면 세차장을 찾는 차들이 없습니다. 그런데 세차장 주인의 얼굴에는 기쁨이 가득했습니다.

그래서 어떤 사람이 이상해서 그 세차장 주인에게 "비가 오니까 세차 손님이 한명도 없네요. 오늘 완전히 공치셨어요. 그런데 어떻게 사장님 얼굴에는 수심이 없고 기쁨이 많으세요?"

그러자 그 세차장 주인은 "하하하" 웃으면서 이렇게 대답했습니다.

"네! 비가 오면 당일에는 세차 손님이 없어 놀지만 다음날은 아주 엄청납니다. 세차하러 줄을 서거든요! 내일이 바로 그날입니다" ^ ^

우리의 감정은 우리가 어떤 생각을 갖고 사느냐에 따라 결정됩니다.

일반적으로 자기 자신에 대해서 사람이 어떻게 생각하느냐 하는 것에 의해 자아상(self image)이 결정되고 자아존중감(self esteem), 나아가 행복한 삶이 결정됩니다.

우리가 우리의 인생과 삶을 건강하게 낙관할 수 있는 것은 하나님께서 우리의 삶을 밝은 축복 가운데 영원토록 선하게, 아름답게 인도해주시기 때문입니다.

하나님은 우리에게 말씀합니다" 저녁에는 울음이 깃들일지라도 아침에는 기쁨이 오리로다"(시편 30편 5절)

일반적으로 사람들이 갖고 있는 가장 큰 관심사는 무엇일까요? 그것은 자신이 잘되고 행복하게 되는 것입니다.

사람은 자기 자신에 대해 대단한 관심을 갖고 있습니다. 여럿이 함께 찍은 사진이 현상되어 나오면 자기 자신을 먼저 찾아봅니다.

자신이 사진에서 잘 나왔나 안 나왔나 먼저 자신을 살펴 본 후에 다른 사람들을 살펴봅니다. 사람은 자신에 대해 우선적인 관심과 애착을 갖고 있는 것입니다. 이것은 매우 자연스러운 일입니다.

그러나 자신에 대한 적절한 관심이 아니라 이기심에 근거한 왜곡된 집착에 빠지게 되면 다른 사람에게 피해를 주기도 합니다.

이전에 의정부에서 어떤 사람이 미군이 먹다 남은 햄 찌꺼기들을 다 수거해 갖고는 부대찌게 가게들에다 팔아넘기다가 경찰에 걸렸습니다. 그것도 30년 동안 그렇게 했습니다.

그렇게 수단과 방법을 가리지 않는 행동은 다 왜곡된 이기심에서 생긴 것입니다. 이러한 자기 집착은 건강한 사랑이 아닙니다.

하지만 "네 이웃을 네 몸과 같이 사랑하라!" 하신 주님의 말씀처럼 자신을 소중히 여기는 것은 타인을 위한 사랑의 기초와 출발점이 됩니다.

톰소여의 모험으로 유명한, 작가 마크 트웨인은 이런 말을 했습니다. "인간은 누구든 자기 자신에 대한 긍정이 없이는 결코 평안하게 살 수 없다" 즉 자신의 존재가 소중하게 느껴져야 사람은 행복한 것입니다.

하지만 안타깝게도 왜곡된 자아상(self image) 혹은 부정적인 자아상을 갖고 불행하게 사는 일들이 너무나 많습니다.

특히 사람들은 타인과의 비교의식을 통해서 불행한 자아상을 가집니다. 실제로 전교 1등에서 2등으로 떨어져 큰 좌절감에 빠졌던 어떤 학생에 대한 기사를 신문에서 읽어본 일이 있습니다.

저도 제 학창시절을 말씀드리자면 저는 더 이상 등수가 오르지 않아 고민을 참 많이 했습니다. 늘 1등이니 어디 오를 곳이 있어야죠? 그리고 저는 학교에서 왜 쉬는 시간을 만들어 놓았는지 이해가 안됐습니다. 그리고 학교 등록금이 도대체 얼마인지를 모르고 학교를 다녔습니다. 매번 장학금으로 다니느라고. 저는 가끔 시험문제 일부러 틀려봤습니다. 도대체 틀리는 기분이 뭔지를 알고 싶었습니다. 제가 이전에 쭉 1등만 하다가 한번은 2등으로 떨어졌는데 얼마나 실망이 되던지! 그런 마음을 다들 모르실 생각해보시기 바랍니다. 전교 1등에서 2등으로 떨어지는 것이 그렇게 못 견딜 정도의 일은 아닙니다.

 그런데 많은 청소년들이 뒤쳐지면 안 된다는 지나친 압박감과 비교의식 때문에 많은 스트레스를 받고 있습니다.

 우리는 사람들이 지나친 비교의식 속에서 살지 않도록 사랑으로 격려해 주어야 합니다.

 사람들은 흔히 남과 비교되는 경쟁에서 이겨야만 길이 열린다고 생각합니다. 그러나 하나님은 그렇게 획일적인 길을 말씀하신 적이 없으십니다. 하나님 안에서 성실하게 살면 좋은 기회들은 얼마든지 있습니다.

 한 가지 길만이 전부라고 생각하는 것은 우리를 위한 하나님의 길이 얼마나 다양하고 풍성한 것인지를 알지 못해 그런 것입니다.

 모든 것이 막혀 갈 길이 전혀 보이지 않던 홍해 앞에서도 하나님은 사람들이 전혀 생각지도 못했던 방식으로 길을 내셨습니다. 하나님은 얼마든지 길을 만드시어 인도하시는 분이십니다.

이전에 『블루오션(blue ocean) 』이라는 책이 큰 관심을 끌었습니다. 레드 오션(red ocean), 즉 붉은 피를 흘려야만 이길 수 있는 경쟁적인 영역으로 뛰어 들지 말고, 대신 경쟁이 없는 새롭고도 창의적인 영역, 즉 새롭게 창조할 수 있는 개척 분야인 "푸른 바다, 블루오션(blue ocean)" 을 향해 나아가라는 것입니다. 새로운 길을 창조적으로 개척하는 사람이 보람되고 의미 있는 삶을 살 수 있는 것입니다.

하나님 안에는 우리를 위한 무궁무진한 블루오션 전략이 있습니다. 획일적인 길이 아니라 우리를 아름답게 인도하시는 새롭고도 다양한 길들이 하나님 안에 있습니다.

우리는 다른 사람들과 비교하면서 "사람들은 다 좋은 길로 가는데 내겐 길이 없어!" 라고 생각하지 말아야 합니다.

하나님은 우리를 위한 인생길, 영원한 길까지도 예비해 놓으십니다. 다른 사람의 길과 비교할 필요가 없습니다. 하나님은 말씀합니다.

"네 길을 여호와께 맡기라 그를 의지하면 그가 이루시고 네 의를 빛 같이 나타내시며 네 공의를 정오의 빛 같이 하시리로다" (시 37:5-6)

우리 사회에는 이미 '얼짱 문화' 라든지 '명품 문화' 등 외면적인 가치를 숭상하는 문화들이 가득 차 있습니다.

왜 사람들은 종종 남과 비교하면서 그렇게 외적인 것을 추구할까요? 그것은 자신의 가치가 얼마나 소중한 지를 하나님 안에서 발견하지 못했기 때문입니다. 하나님 안에서 자신의 가치를 알게 되면 비교의식이 아니라 창조의식이 생기게 됩니다.

부정적인 자아상 혹은 낮은 자존감(self esteem)이 비교의식과 연관되어 있다면 건강한 자아상은 창조의식으로부터 생깁니다.

창조의식이란 하나님께서 창조하신 그 관점에서 나를 바라보는 것입니다. 비교의식이 끊임없이 다른 사람 혹은 처해진 환경과 나를 비교하면서 나를 보는 것이라면 창조의식은 하나님께서 나를 창조하신 그 원래의 가치대로 나를 바라보는 것입니다.

이사야 43장 4절에서 하나님은 말씀합니다. "네가 내 눈에 보배롭고 존귀하며 내가 너를 사랑하였은즉...."

"너는 내 눈에 보배롭고 존귀하다" 한마디로 창조의식은 이렇게 하나님의 눈으로 나를 바라보는 것입니다. 우리는 하나님 눈에 보배로운 존재임을 언제나 기억해야 합니다.

레나 마리아라고 환한 미소로 잘 알려진 세계적인 가수가 있습니다. 레나마리아는 태어날 때부터 두 팔이 없고, 한 다리가 짧았습니다. 그런 그녀를 병원에서는 보호소에 맡길 것을 부모에게 권유했지만 그녀의 부모는 레나 마리아를 하나님께서 친히 주신 소중한 자녀로 확신하고, 정상아와 똑같이 대하며 신앙으로 키웠습니다.

레나마리아는 삶 자체가 고난이고 원망스럽게 여길 수도 있었을 텐데 환경을 전혀 탓하지 않고 오히려 자신을 귀하게 만드신 하나님께 감사하면서 건강한 자아상을 갖고 성장하게 되었습니다.

그러면서 세계 장애인 수영대회에서 금메달 4개와 동메달 1개를 따냈고 올림픽 개막식에서 축가를 부르기도 했습니다.

이후 지금은 가수로서 전 세계를 순회하며 희망을 노래하고 있습니다. 그녀는 "자신의 삶의 모든 것이 하나님 때문에 가능하다"고 하면서 자신의 모습을 통해 하나님의 은혜를 더 풍성하게 나누고 있습니다.

하나님 안에서 창조의식을 통해 건강한 자아상을 갖게 되면 행복하게 됩니다. 그리고 주님 주신 행복을 전하고 나누는 사람이 됩니다.

우리는 얼마나 귀한 존재인지 모릅니다. 하나님은 우리를 우주보다도 귀하다고 하시며 우리를 지극히 사랑하십니다.

심지어 우리의 이름을 하나님의 그 손바닥에 새겨 놓으시고 늘 사랑하신다고 하셨습니다.

한 때 우리나라에서는 꽃미남 열풍이 일어났습니다. 그런데 요즘은 따뜻한 마음을 지닌 '완소남, 완소녀'를 좋아한답니다.

'완소남, 완소녀'란 '완전 소중한 남자, 완전 소중한 여자'라는 뜻입니다. 우리는 하나님의 사랑 안에서 완전 소중한 존재들입니다.

세계 인구가 60억이라지만 우리 각자는 둘도 없는 소중한 존재입니다.

예술작품을 파는 미술관을 가보면 밑에 가격들이 매겨져 있습니다. 천만원, 2천만원, 심지어는 몇 억짜리.

그런데 레오나르도 다빈치의 "모나리자" 같은 작품은 그 작품 밑에 뭐라고 써있냐면 "값이 없음(priceless)" 이라고 쓰여 있습니다. 너무 값지니까 값이 아예 존재하지 않고 값으로 매길 수 없다는 뜻입니다.

다빈치가 그린 모나리자의 진품은 오직 하나입니다. 그래서 그렇게 값을 매길 수 없는 천문학적인 가치인 것입니다.

생각해보면 그 모나리자 작품이 아무리 비싸다고 해도 종이에 그린 그 모나리자 작품 보다 우리가 못하겠습니까?

우리는 하나님께서 친히 손수 만드신 작품입니다. 온 우주 가운데 하나님 안에서 '나와 너' 라는 존재는 유일합니다.

더욱이 성자 예수님은 우리에게 영원한 구원과 생명 주시려고, 십자가에서 목숨을 다 바치셨습니다. 그래서 우리는 창조주의 생명의 값이 담겨진 어마어마한 가치의 존재, 온 천하보다도 귀한 존재인 것입니다.

하나님은 우리를 하나님 안에서 영원히 왕 같은 존재가 되게 하셨습니다.

하나님께서 만드시고 주님의 생명으로 만드신 최고의 작품인데 거기에다가 또 다른 그 무엇을 덧붙이고, 덧칠할 필요가 없습니다.

주님 안에서 우리 존재 자체로 지극히 귀중합니다. 세상의 명예나 권력 등 다른 것으로 덧붙이거나 치장하지 않아도 우리는 지극히 귀중합니다.

예수님께서 세례를 받으실 때 하늘로부터 소리가 들려왔습니다.

성부 하나님은 독생자 예수님을 향해 말씀하신 것입니다. 주님은 이 말씀을 기억하시면서 그 고난 가운데에서도 낙심하시지 않고 영광된 자아상을 가지시고 모든 것들을 다 이기셨습니다.

하나님의 아들이시요 하나님의 기뻐하시는 존재라는 사실을 늘 마음에 새기시면서 모든 영혼들을 넉넉히 품고 사랑하며 섬기셨던 것입니다.

하나님은 그리스도 안에 있는 우리를 향해서도 말씀합니다. "너는 내 사랑하는 아들이요, 너는 나의 사랑하는 딸이다. 널 만든 것, 널 구원한 것은 나의 가장 큰 행복이며 기쁨이다" 라고 말씀합니다.

그러므로 우리는 어떤 상황에서도 하나님의 지극한 사랑 안에서 건강한 자아상을 갖고 살 수 있습니다.

그리고 그렇게 하나님의 자녀로서의 복된 자아상을 갖게 되면 우리의 가족과 교우, 이웃들, 심지어는 우리를 힘들게 하는 사람들이라도 그 모든 영혼들을 넉넉히 품고 사랑하며 섬길 수 있습니다. 그리고 나아가 고난의 환경, 십자가의 자리까지라도 우리 주님처럼 넉넉히 감당하며 사명으로 승리하게 되는 것입니다.

성경에 근거한 자아상, 창조의식에 근거한 행복한 자아상을 늘 지니고 우리 자신 뿐 아니라 나아가 가족과 이웃들을 지극히 소중히 여기며 그리스도의 은혜를 함께 나누는 사랑의 결실들이 삶 속에서 가득하게 되기를 소망합니다.

06 / 나와 너를 소중히 여길 때 행복은 온다

"여수룬이여 하나님 같은 이가 없도다 그가 너를 도우시려고 하늘을 타고 궁창에서 위엄을 나타내시는도다 영원하신 하나님이 네 처소가 되시니 그의 영원하신 팔이 네 아래에 있도다 그가 네 앞에서 대적을 쫓으시며 멸하라 하시도다"(신 33:26-29)

어떤 초등학생 아이가 이렇게 일기를 썼습니다. "엄마가 작년에 책 한권을 사오셨다. 그런데 똑같은 책을 오늘 사오셨다. 엄마가 나중에 또 사오실 것 같다. 책 제목은 『건망증을 이기는 법』이다" ^ ^

우리는 우리 자신과 상대방이 연약해도 서로를 귀하고 소중하게 여기며 사는 법을 배워야 합니다.

서로를 향해 우리는 "당신을 보니 제 눈이 아픕니다. 당신이 하도 눈부셔서!" 라고 사랑으로 이야기 해줄 수 있어야 합니다.

사람이 주님 안에서 서로를 소중히 여기며 더불어 살아갈 때에 그 마음과 삶에는 행복이 찾아오고 깃들게 됩니다.

사람은 행복하게 살기를 원합니다. 아기는 태어나 성장하면서, 젊은이들도 결혼해 가정을 이루면서도 그들은 행복해지기를 원합니다.

취직을 하여 사회생활을 하면서, 연로해져서 회갑과 고희를 맞이하여서도 사람은 누구나 여생을 건강하고 행복하게 살아가기를 원합니다. 사람들 안에는 본성적으로 행복을 얻고자하는 마음이 있는 것입니다.

하지만 막상 무엇이 행복이며, 어떻게 살면 행복한 지에 대해 모를 때가 많습니다. 행복을 바랄 뿐 그 길을 찾지 못할 때가 많습니다.

최근에 상담심리학의 한 분과로 긍정적인 행복을 연구하는 긍정심리학 혹은 행복심리학이 생겼습니다. 어떻게 하면 사람이 행복해지는지에 관해 연구하여 그것을 삶의 자리에서 실천적으로 적용하는 것에 초점을 맞추고 있는 것입니다.

하지만 이미 성경은 처음부터 참된 행복의 길을 사람들에게 알려주고 있습니다. 그래서 성경을 통해 생각이 새로워지고 성경을 통해 삶을 배우며 연마하면 행복해집니다. 행복도 적절한 연습과 훈련이 필요한 것입니다.

물론 인생의 근본적인 목적은 행복이 아닙니다. 하지만 놀라운 것은 하나님의 영광을 위해 살면 자연스럽게 행복해집니다. 그래서 행복을 하나님 안에서 배우는 것이 중요합니다.

그렇다면 행복이란 무엇일까요? 어떤 조사기관에서 여론조사를 했습니다. 행복은 어떤 느낌인가?

응답자 중의 약 82%가 "마음의 따뜻한 기쁨과 희망이 넘치는 느낌" 이라고 답을 했습니다. 그 다음은 "미소 짓고 싶은 느낌", 그 다음은 "평안한 마음의 느낌" 이라고 답을 했습니다.

이 느낌은 성경에서 말씀하는 성령의 열매와 직결됩니다. 즉 하나님의 은혜 안에서 사랑과 희락, 화평, 기쁨과 소망, 평안을 누리는 상태가 진정한 행복인 것입니다.

행복은 매우 주관적입니다. 어떤 사람들은 행복할만한 외적인 조건이 다 갖춘 것처럼 보이는데도 행복하지 않습니다.

반대로 행복할 만한 것이 없는데도 환경을 초월해서 마음의 행복을 깊이 누리는 사람들도 있습니다.

중요한 것은 사람은 태어날 때부터 저절로 행복해지지 않는다는 사실입니다. 행복을 배우며 훈련해야 행복해집니다.

전에 영국의 런던 대학과 경제 연구소에서 세계 178개국을 대상으로 각국의 행복도를 조사했습니다.

우리나라 사람들의 행복도는 세계 102등이었습니다. 행복도가 세계 최하위권에 속했던 것입니다. 여타 선진국들 역시 그 행복지수가 높지 않았습니다. 외적인 것들이 행복의 결정적 조건이 아니라는 사실이 다시 한 번 입증되었던 것입니다.

참고로 우리나라 부부 행복도에 대한 조사도 있었습니다. 행복감을 느끼지 못하는 부부들은 연령별로 살펴보면 20대가 44%, 30대가 78%, 40대, 50대는 무려 95%나 되었습니다. 특히 나이가 많을수록 부부 행복도가 낮은 것으로 조사되었습니다.

그렇다면 대체적으로 어떤 사람이 행복한 것일까요? 행복한 사람들의 특징은 무엇일까요?

그것은 하나님 안에서 좋은 자아상을 갖고 산다는 것입니다. 행복학자들 역시 이구동성으로 행복한 사람은 건강한 자아상을 갖고 자신을 좋아한다고 말합니다.

사람이 건강한 자아상을 가졌다는 것은 성경적인 관점으로 자신을 바라보며 산다는 것을 뜻합니다.

우리 인생을 자동차에 비유할 수 있습니다. 자동차는 저절로 움직이지 않습니다. 반드시 운전사가 운전하는 방향으로만 움직입니다.

우리 마음 안에도 운전사가 있습니다. 자아상이 우리 마음과 인생의 운전사입니다. 만약에 부정적인 자아상이 있으면 그 자아상이 우리를 부정적인 방향으로 이끌고 갑니다. 반면에 건강한 자아상이 회복되면 인생은 회복되고 좋은 방향으로 가게 됩니다.

자아상은 또한 안경과도 같습니다. 부정적인 자아상이 있으면 부정적으로, 비관적으로 인생을 바라봅니다.

그러나 회복된 자아상을 지니면 현실과 인생을 잘 직시하되 인생을, 그리고 다른 사람들을 하나님의 눈으로 소중하게 바라보며 대합니다.

하나님의 눈은 사랑의 눈이고 은혜의 눈입니다. 하나님은 우리를 아주 귀하게 보십니다.

신명기 33장 26절에서 하나님은 우리를 향해 '여수룬'이라고 부르십니다. "여수룬이여 하나님 같은 이가 없도다 그가 너를 도우시려고 하늘을 타고 궁창에서 위엄을 나타내는도다"

여수룬은 '하나님의 사랑을 받아 의롭게 된 사람'이라는 뜻입니다. 또한 29절을 보면 "이스라엘이여 너는 행복한 자로다" 즉 하나님은 우리에게 "사랑 받는 자야! 하나님 같은 이가 없다. 너처럼 복된 존재가 없다"고 말씀합니다.

물론 우리는 연약합니다. 완벽하지 않습니다. 생각이나 감정, 행동에 있어서도 부족함이 많습니다.

그럼에도 주님은 우리를 늘 소중히 여기시며 우리를 새롭게 하십니다. 그 보혈로 우리를 아름답게 만드십니다. 하나님의 사랑 안에서 우리는 영원히 소중한 존재인 것입니다.

사람이 성경적인 자아상을 갖게 되면 예수님의 사랑으로 자신을 잘 용납합니다. 그렇게 하여 긍정적으로 자신을 사랑하면 나아가 주변 사람들도 풍성히 사랑합니다.

행복의 바구니는 소유로 채워지지 않습니다. 행복의 바구니는 존중심을 바탕으로 한 사랑으로 채워지는 것입니다.

이전에 UCLA 대학에서도 "부부 행복도"를 조사한 결과, 돈과 성공 등이 부부의 행복과는 결정적인 관계가 없다는 것이 조사되었습니다.

오히려 행복한 부부는 힘든 상황에서도 좋은 자아상을 갖고 서로를 위해 주며 긍정적인 마음으로 대처한 부부들임이 밝혀지게 되었습니다.

한편 건강한 자존감은 사람으로 하여금 현실 대처를 잘 하게 만들어줍니다. 현실을 잘 바라보되 아름다운 꿈과 비전을 갖고 미래를 향해 나아가게 만들어주는 것입니다.

당시에 하나님의 백성들은 아직 힘든 광야에 있었습니다. 그러나 영원하신 하나님께서 친히 함께 하시며 그들에게 승리를 주시어 결국 축복의 미래를 여실 것을 말씀합니다. 하늘의 이슬, 은혜의 단비가 임할 것을 약속하셨습니다.

이처럼 하나님은 하나님의 자녀들이 행복한 자아상을 갖게 되기를 원하시며 나아가 희망에 찬 축복의 사람이 되기를 원하십니다.

행복학자들은 행복한 사람들의 특징은 먼저 건강한 자존감을 갖고 있고 그 다음은 그들의 마음 안에는 희망이 가득하다고 이야기 합니다.

사람이 희망으로 가득차 있다는 것은 긍정적인 마음으로 미래를 바라본다는 뜻입니다. 주님 안에 있는 인생은 절대 희망 속에 있는 것입니다.

"야곱의 하나님으로 자기 도움을 삼으며 여호와 자기 하나님에게 그 소망을 두는 자는 복이 있도다" (시 146:4)

하나님을 자신의 도움으로 삼고 하나님 안에서 희망으로 가득한 사람은 행복하게 됩니다. 생각이 밝고 건강하고 희망적이면 그 사람의 됨됨이와 인생도 아름답게 됩니다.

하나님은 우리를 향해 "너는 행복한 존재다" 라고 말씀합니다. 우리는 예수님 안에서 귀한 존재들입니다.

하나님께서 우리를 영원히 사랑하시고 친히 함께 하시며 인도하신다는 사실을 기억하며 우리 자신과 타인을 풍성하게 사랑하고 주님 주시는 희망에 찬 마음으로 미래를 향해 나아가게 되기를 소망해 봅니다.

07 / 좋은 자아상을 갖고 행복을 가꾸라

"아람 왕의 군대 장관 나아만은 그의 주인 앞에서 크고 존귀한 자니 이는 여호와께서 전에 그에게 아람을 구원하게 하셨음이라 그는 큰 용사이나 나병환자더라 전에 아람 사람이 떼를 지어 나가서 이스라엘 땅에서 어린 소녀 하나를 사로잡으매 그가 나아만의 아내에게 수종들더니 그의 여주인에게 이르되 우리 주인이 사마리아에 계신 선지자 앞에 계셨으면 좋겠나이다 그가 그 나병을 고치리이다 하는지라" (왕하 5:1-3)

"인천 앞바다!' 의 반대말은 무엇일까요? 답은 '인천 엄마다.' 발음이 "인천 아빠다!' 로 될 수 있기 때문에 반대말은 "인천 엄마다!' 라고도 재미있게 표현할 수 있습니다 ♥

사람이 생각을 바꾸어 사고해 보는 것이 중요합니다. 하나님의 사랑 안에서 자신을 소중하게 여기면 왜곡된 마음들도 사라지고 삶의 기쁨과 환희를 체험할 수 있다.

사람들 중에는 행복한 삶을 잘 가꾸며 사는 사람들이 있습니다. 나아가 그들은 그 행복을 다른 사람들에게 잘 전달하고 나눕니다.

성경 열왕기하 5장을 보면 아람 나라의 나아만이라는 사람이 나옵니다. 당시 아람은 이스라엘의 접경에 있던 나라였습니다. 그리고 그 아람에서 가장 유명했던 장군이 나아만입니다.

아람은 이스라엘을 압도할 정도로 막강한 나라였습니다. 그리고 그 나아만은 그 아람의 개국공신으로 군대를 총괄하는 사람이었습니다. 그러니 그 위세가 대단했던 사람이었습니다.

열왕기하 5장 1절에서도 '나아만은 크고 존귀한 자'라고 되어 있습니다. 하지만 그에게는 결정적인 인생의 문제가 있었습니다. 1절 말미에 "그는 큰 용사이나 나병환자더라"라고 되어 있습니다. 그는 그야말로 불행한 사람이었던 것입니다.

아마 나아만은 자신의 병을 치료하기 위해 좋은 약과 좋은 의사들을 총 동원했을 것입니다. 그러나 그 불치병은 여전했습니다.

그러한 상황에서 열왕기하 5장 2절을 보면 문제 해결의 실마리를 지닌 사람이 나타납니다. 나아만 집에서 일하던 한 여종이었습니다.

당시 아람은 이스라엘과의 전투에서 포로들을 사로잡아서 노예로 삼았습니다. 그 중에 이 여종이 있었습니다. 붙잡혀온 노예, 그것도 어린 여종에게 어떻게 문제 해결의 열쇠가 있겠습니까?

그러나 3절을 보면 그 여종이 여주인 즉 나아만의 아내에게 "나아만

장군이 사마리아에 계신 선지자를 만나면 좋겠다” 고 이야기했습니다. “그렇게 되면 그 나병이 고쳐질 것이라고” 고 말해주었습니다.

그 어린 여종은 얼마든지 자신의 신세를 불평할 수 있는 환경이었습니다. 외적으로만 볼 때 노예들에게는 희망이 없습니다.

평생 종살이하다가 끝나는 것입니다. 자신의 생각, 계획, 꿈과 미래, 행복은 꿈꿀 수 없습니다. 주인에 의해 모든 것이 결정됩니다. 당시 노예들은 사람대접 받지 못한 채 지냈습니다.

그러기에 이 어린 여종에게 나아만은 원수와 같습니다. 부모와 정든 고향을 떠나게 하고 인생을 앗아간 그 아람 군대의 총책임자이니 “복수는 내 인생의 목표!” 라고 하면서 나아만과 그 가정을 증오의 대상으로 삼을 수도 있었습니다.

그러나 그 여종은 자신이 알고 있던 하나님의 사랑을 그 가정에게 전했습니다. 엘리사 선지자를 만나면 인생이 회복될 수 있다는 것을 말해주었습니다. 오늘날로 말하자면 그 여종은 나아만과 그 가정에게 예수님에 관한 소식 곧 복음을 전해주었습니다. 참 사랑을 갖고 회복의 길을 그 가정에게 전해주었던 것입니다.

하늘의 별 따기 보다 더 어려운 일이 있습니다. 하늘에 별 달기 입니다♥ 당시 이 여종이 했던 일은 쉽지 않은 일이었습니다.

괜히 말했다가 나아만과 그 가족들로부터 “노예 주제에 뭘 안다고?”

그런 식으로 크게 핍박과 어려움을 당할 수도 있습니다.

바둑도 옆에서 훈수를 잘못 두면 그 훈수 둔 사람이 욕을 많이 먹습니다. 하물며 당시 나아만의 일은 얼마나 중대한 일입니까? 하지만 그 여종은 자신이 알고 있던 문제 해결의 방법을 전해주었습니다.

결국 그 여종의 이야기는 나아만에게 전해졌고 나아만은 결단하여 엘리사를 만나러 먼 길을 떠나게 되었습니다. 그리고 이후 나아만은 엘리사를 만나 그의 병이 치료되는 놀라운 기적을 체험했고 삶의 회복이 있게 되었습니다.

이러한 내용을 보면서 연약하지만 거룩한 자아상을 주님 안에서 지닌 사람들을 통해 역사하시는 하나님의 사랑의 손길을 보게 됩니다.

특별히 이 여종으로부터 우리는 어떤 환경에서도 좌절하지 말고 하나님 안에서 참 회복과 행복을 잘 가꾸고 나누는 인생이 되어야 한다는 것을 배우게 됩니다.

심리학자 드샴은 인간은 두 부류로 나눈다고 했습니다. 하나는 자신의 운명이나 생활이 타인이나 환경 때문에 휘둘리고 있다고 생각하면서 사는 사람들입니다.

세상에서 단체 행동을 제일로 잘 하는 나라가 있습니다. 우간다입니다. "우르를 몰려간다 해서 우간다!" ^ ^

사람들은 흔히 환경이나 다른 사람들을 탓하는 곳으로 우르르 갈 때가 많습니다. 피해의식으로 살 때가 많습니다.

자신들의 삶과 책임을 소중히 여기지 않은 채 누구 때문이고 누구 탓이고 뭐 때문에 안 된다고 하는 식의 태도들을 흔히 많이 갖고 삽니다.

세상은 공평할까요? 불공평할까요? 실은 불공평합니다. 그것이 사실이고 현실입니다. 천국 가기 전까지 이 땅에서는 부조리한 상황, 불공평한 상황을 자주 만납니다.

사람들은 불공평한 세상을 인정하지 않고 불평을 합니다. 그러나 불평하거나 원망해 봤자 세상은 바뀌지 않습니다.

가진 것이 많은 사람들은 불평하지 않을 것 같지만 그렇지 않습니다. 그것이 물질이든, 권력이든, 인기든, 미모든 염려가 많고, 그것을 잃어버리는 것 같을 때는 큰 허무감에 사로잡히게 됩니다.

얼마 전 뉴스 방송에서 인기 연예인들 중 40% 이상이 불행한 마음이 너무 많아서 생을 포기하고 싶다고 답했던 것을 보게 되었습니다.

멋진 외모, 부자 부모 등 그러한 특권이 결정적으로 중요하지 않습니다. 우리는 그러한 것을 부러워하거나 탓할 것이 아니라 하나님을 바라보면서 근면, 노력, 끈기, 용기 등을 갈고 닦아야 합니다. 그것이 훨씬 더 건강한 의미에서 현실적이고 가치 있고 아름다운 일입니다.

같은 말이라도 너무나 긍정적인 말입니다. 나아만 집에 있던 그 여종도 그런 식으로 긍정적으로 자신의 환경을 생각했습니다.

운명이나 환경을 탓하거나 지배 받지 않고 오히려 운명을 극복하면서 성실하게 최선을 다하는 여종의 모습을 보시기 바랍니다.

그는 선지자를 기억했고 하나님을 바라보았습니다. 그리고 인생의 진정한 회복의 길을 사람들에게 전해주었습니다.

요셉도 그러했습니다. 그는 애굽의 종으로 팔려 갔다가 함께 하시는 하나님의 은혜를 힘입어 애굽에서도 하나님의 은혜를 전했습니다. 애굽의 총리가 되었고 사람들과 민족들을 살리며 복되게 하는 구원과 축복의 통로가 되었습니다.

우리는 환경이나 상황을 탓하지 말아야 합니다. 곳곳에서 요셉처럼, 나아만 집의 여종처럼 하나님의 은혜를 힘입어 운명을 성실하게 개척하고 축복과 행복을 가꾸며 전하는 삶이 되어야 합니다. 그것이 더 멋있고 아름다운 삶입니다.

톨스토이는 "지위가 높거나 돈이 많다고 무조건 존경할 것이 아니라 그가 무슨 일을 하는지 살펴보라. 사람들에게 도움을 주는 사람이야말로 존경을 받아야 한다" 라고 했습니다.

우리들은 그 여종처럼 거룩한 자아상을 갖고 빛과 소금으로서 사람들에게 도움을 주는 사람들이여야 합니다.

하나님께서 우리에게 주신 것들이 참 많습니다. 하나님께서 주신 좋은 장점과 강점들이 많습니다. 그것을 종이에 적어보시기 바랍니다. 불평거리들을 기도제목으로, 감사의 제목으로 바꾸어 보시기 바랍니다. 인생이 반드시 아름답게 됩니다.

나아가 하나님께서 주신 장점과 강점들에 대해서는 감사하시면서 그것을 하나님의 나라를 위해 적극적으로 사용해보시기 바랍니다.

하나님의 영광을 위해, 복음 전파를 위해, 이웃을 위해 적극적으로 사용하시기 바랍니다. 하나님은 당신의 생을 통하여 놀라운 기적과 은총의 일들을 친히 이루실 것입니다.

"행복하다"는 표현은 영어로 Make a happiness입니다. 즉 행복하다는 것은 행복을 만드는 것입니다. 행복한 사람은 원래부터 행복한 사람이라기보다는 어떤 상황이나 형편에서도 좋은 자아상을 갖고 행복을 가꾸고 만드는 사람입니다.

나아만의 여종을 통하여 나아만과 그 가정은 회복되었습니다. 나아가 하나님의 사랑과 은혜가 곳곳에 드높여지게 되었습니다.

긍정적인 자아상을 갖고 하나님 사랑 안에서 행복을 가꾸고 나누는 인생을 통하여 하나님은 오늘날에도 은총과 회복, 구원과 생명의 일들을 친히 이루십니다. 함께 건강한 자아상을 갖고 행복을 가꾸어 가게 되기를 바랍니다.

08 / 겸허해질 때 좋은 자아상이 이뤄진다

"나아만이 이에 말들과 병거들을 거느리고 이르러 엘리사의 집 문에 서니 엘리사가 사자를 그에게 보내 이르되 너는 가서 요단 강에 몸을 일곱 번 씻으라 네 살이 회복되어 깨끗하리라 하는지라 나아만이 노하여 물러가며 이르되 내 생각에는 그가 내게로 나와 서서 그의 하나님 여호와의 이름을 부르고 그의 손을 그 부위 위에 흔들어 나병을 고칠까 하였도다 다메섹 강 아바나와 바르발은 이스라엘 모든 강물보다 낫지 아니하냐 내가 거기서 몸을 씻으면 깨끗하게 되지 아니하랴 하고 몸을 돌려 분노하여 떠나니 그의 종들이 나아와서 말하여 이르되 내 아버지여 선지자가 당신에게 큰 일을 행하라 말하였더면 행하지 아니하였으리이까 하물며 당신에게 이르기를 씻어 깨끗하게 하라 함이리이까 하니 나아만이 이에 내려가서 하나님의 사람의 말대로 요단 강에 일곱 번 몸을 잠그니 그의 살이 어린 아이의 살 같이 회복되어 깨끗하게 되었더라" (왕하 5:9-14)

물고기를 많은 잡으려면 그물망을 잘 쳐야 합니다. 그렇다면 망 중에서 제일 좋은 망은 무엇일까요? 답은 희망입니다♥

끝까지 아름다운 희망을 간직하면 좋은 삶의 결실들을 얻게 됩니다.

나아만은 아람 나라의 군대 장관이었습니다. 하지만 그에게는 나병, 즉 문둥병이 있었습니다. 문둥병은 가장 절망적인 병입니다.

그런데 어느 날 나아만은 자기 집에서 일하던 한 여종에게 선지자 엘리사를 만나면 병이 고쳐질 것이라는 이야기를 듣게 되었습니다.

그래서 나아만은 엘리사 선지자를 만나러 먼 길을 가게 됩니다. 그런데 엘리사를 만나러 가는 나아만의 모습은 화려했습니다.

열왕기하 5장 9절을 보면 이렇게 되어 있습니다. "나아만이 말들과 병거들을 거느리고 이르러 엘리사의 집 문에 서니"

이 말들과 병거들은 오늘날로 말하자면 각종 세단 차들입니다. 나아만은 그런 모습으로 엘리사를 찾아갔습니다.

사람이 열등감이나 콤플렉스(complex)를 갖고 있으면 외적인 것으로 치장하는 것을 좋아하게 된다는 심리학 이론이 있습니다. 우리 속담에도 "빈 수레가 요란하다. 또한 양반은 물에 빠져도 개헤엄은 안친다" 는 재밌는 속담도 있습니다. 그리고 냉수 먹고 이빨 쑤신다는 말이 있습니다. 사람들은 이처럼 체면을 중요시 여깁니다. 그래서 공작 콤플렉스라는 말도 있습니다. 공작은 날개를 쫙 펴면 아주 멋집니다.

사람이 그러한 공작 콤플렉스를 갖게 되면 외적인 자랑을 좋아합니다. 저는 어릴 적 개구쟁이 시절, 친구들과 구슬치기를 하면서 노는 것을 좋아했습니다.

호주머니에 구슬들을 잔뜩 넣고 다니면 찰랑찰랑 소리가 납니다. 그리고 친구들에게 구슬을 꺼내 보여주면 친구들이 굉장히 부러워했습니다. 당시에 친구들의 그 모습을 보면서 얼마나 흐뭇했는지 모릅니다. ‥

 일반적으로 자존감이 낮으면 돈이라든지, 명예 등 세상적인 것들로 자신을 포장하려고 합니다.

 나아만도 그랬습니다. 나병은 하늘이 내린 천형(天刑)이라고 할 정도로 사람들이 가까이 하기를 꺼려하는 병입니다. 문둥병에 걸리면 사회에서 격리가 됩니다. 그러기에 나아만은 자신의 흉측한 병에 대한 콤플렉스를 분명 가졌을 것입니다.

 게다가 한 나라의 막강한 사람으로서 이스라엘 변방에 있는 일개 선지자에게 가려고 하니 얼마나 자존심이 상하는 일입니까?

 그래서 그는 병을 고치러 가면서도 소위 휘황찬란하게 하고 수행원들을 대동하고서는 엘리사를 찾아갔던 것입니다.

 그러한 나아만을 선지자 엘리사는 어떻게 대했을까요? 당시 강대국이었던 아람의 군대 장관이 왔으니 엘리사 선지자는 신발을 벗고서라도 달려가 맞이할 만도 한데 그렇게 하지 않았습니다.

직접 만나지도 않았고 사환을 보내어서 마치 명령하듯 요단강에서 몸을 씻으라고 이야기를 했습니다.

나아만은 안그래도 콤플렉스가 있었는데 이러한 처우를 받게 되니 심사가 뒤틀리게 되었습니다.

나아만의 마음이 불쾌감으로 꼬이게 되었고 골이 나게 된 것입니다. 그래서 열왕기하 5장 11절에서 "나아만이 노하여 물러가며" 라고 되어 있습니다.

자신의 신분을 고려할 때 병을 고쳐주기 위해 엘리사가 직접 환대해주고 장엄한 종교의식을 베풀어줄 줄 나아만은 기대했습니다.

11절을 보면 나아만의 기대의 말이 나옵니다. "선지자가 내게로 나와서서 그의 손을 나병의 부위 위에 흔들어 나병을 고칠까 하였도다"

여기에서 손을 흔든다는 뜻은 원어로 보면 "손으로 어루만지다" 라는 뜻도 되고 "손을 저으면서 안수 기도해주는 것" 을 뜻하기도 합니다. 그러나 엘리사는 나아만에 대해 그렇게 하지 않았습니다.

그래서 12절에서 나아만은 말합니다. "다메섹 강 아바나와 바르발은 이스라엘의 모든 강물보다 낫지 아니하냐 내가 거기서 몸을 씻으면 깨끗하게 되지 아니하랴? 몸을 돌려 분노하여 떠나니"

아람의 강들은 대단히 수질이 좋은 일급수 물들이었습니다. 반면에 요단강은 진흙색깔을 띤 혼탁해 보이는 강이었습니다.

그러기에 나아만은 만일 더러운 요단 강 물이 효험이 있다면 아람의 맑은 강물은 더 큰 효험이 있을 것이라고 생각했던 것입니다.

그러나 그러한 생각은 순전히 나아만의 생각이었습니다. 그래서 나아만은 11절에서 "내 생각에는" 이라고 말하고 있습니다.

"그건 니 생각이고~" 그런 유행어가 있습니다. 정말 나아만의 생각은 하나님 보실 때에 '그건 니 생각이고~' 에 해당되는 생각이었습니다.

하나님의 생각은 인간의 생각과 다릅니다. 이사야 55장 8절에서 말씀합니다. "내 생각이 너희의 생각과 다르며 내 길은 너희의 길과 다름 이니라. 이는 하늘이 땅보다 높음 같이 내 길은 너희의 길보다 높으며 내 생각은 너희의 생각보다 높음 이니라"
하나님의 생각은 차원이 다릅니다. 너무 높아서 인간의 생각이 도저히 다다를 수가 없습니다.

그렇다면 왜 엘리사는 그냥 나아만에게 요단강에서 가서 씻으라고 하셨던 것일까요? 이 명령에는 하나님의 특별하신 의도가 담겨 있었습니다.
하나님은 그가 겸손하게 되기를 원하셨습니다. 엘리사를 통해 일곱 번 씻으라고 하신 것은 겸손한 태도를 요구하신 것입니다.
사람이 건강한 자존감을 갖게 되려면 마음이 어린아이처럼 겸비하고 겸손해야 합니다. 심리학적으로 사람의 마음속에는 내적인 아이(inner child)가 있습니다.

사람 안에 있는 내적인 아이가 하나님 앞에서 겸비하게 되면 하나님과의 관계 속에서 은총을 누리며 하나님으로 인해 기뻐하는 건강하고도 자유로운 아이(free child)가 됩니다.

내적인 아이가 하나님의 사랑 안에서 꽃피는 자유로운 아이가 되지 못하면 성인이 되어서도 여전히 헛된 자존심(pride)을 갖게 됩니다. 이 헛된 자존심은 건강한 자존감(self esteem)과는 전혀 다른 것입니다.

그러기에 사람은 하나님 안에서 사랑 받는 자녀로서의 '아이 됨', 하나님 앞에서 순수하고 겸손한 자아를 간직해야 합니다. 그래야 건강하고 행복한 자아상을 갖게 되는 것입니다.

엘리사가 나아만에게 일곱 번 씻으라고 했는데 이것은 나아만이 하나님의 능력으로만 치료된다는 것을 가르쳐주기 위함이었습니다.

그러나 당시에 나아만은 아직도 하나님의 말씀 보다 자기 생각이 앞섰습니다. 아직은 하나님 안에서 건강한 자아상이 없었고 자기주장과 생각을 앞세우는 헛된 자존심을 갖고 있었습니다.

그래서 이름이 '나아만' 이었나 봅니다. "나만 옳다고 해서 나아만." 이름을 나아만이라고 하지 말고 저어만이라고 이름 지었으면 조금 나았을 텐데. 저는 자꾸 유치하게 이런 쪽으로 우스개 생각이 잘 납니다♥

아무튼 아직도 나아만은 그 자아가 겸손히 녹아지지 않았습니다. 딱딱한 자아의 껍질이 있었습니다. 그것이 있는 한 하나님의 은혜와 능력을 인생에서 아름답게 체험할 수가 없었습니다.

나아만은 여전히 헛된 자존심이 있었습니다. 세상적인 권력과 지위, 허영심에 물든 헛된 자아가 있었습니다. 마치 야곱이 얍복강가에서 하나님과 대면하기 전까지 세상 것들로 자신을 보호하고자 했던 것처럼 나아만 역시 그러했습니다.

사람은 누구나 다 그런 면들이 있습니다. 범죄 한 아담 이후 모든 사람들은 그 자아가 변질되었습니다. 하나님의 영광을 추구해야할 사람이 자신의 영광을 추구함으로 변질 되었습니다. 하나님 중심이 아니라 자기중심의 헛된 자아가 된 것입니다. 그래서 두려움과 염려, 근심과 걱정, 분노 등이 생깁니다. 자아를 손상시키는 것을 잘 참지를 못합니다. 나아만이 그것을 보여줍니다.

그러나 하나님 앞에서 솔직하게 서면 인간 자신의 죄 많음과 연약함을 인정하면서 하나님의 은혜를 구하게 됩니다. 그러면서 하나님 안에서 인간의 참 자아가 회복됩니다. 거룩하고도 건강한 자아상, 좋은 자존감이 형성되는 것입니다.

사람이 의로우면 얼마나 의롭겠습니까? 깨끗하면 얼마나 깨끗하겠습니까? 하나님 보실 때에 우리는 다 연약합니다. 다 죄 많고 부족합니다.

모든 사람은 다 예외 없이 죄로 말미암아 나병에 걸린 것과 같습니다. 영적으로 그렇습니다. 알고 보면 나아만의 모습은 영적으로 모든 사람들의 모습이요 우리들 자신의 모습입니다.

하나님은 나아만이 헛된 교만과 자아를 내려놓고 하나님께 나오기를 원하셨습니다. 하나님 앞에 솔직하게 서게 되면 겸손한 참 자아를 갖게 됩니다. 하나님 앞에서 어떤 지위나 체면으로 자신을 바라보지 않습니다.

그저 자신은 하나님 앞에서 작디작은 어린아이라는 사실을 알게 됩니다. 인생이 높으면 얼마나 높겠고 잘 나면 얼마나 잘났습니까?

하나님 보실 때에 모든 사람은 다 아이와 같습니다. 드넓은 그 태평양 바닷가에서 조개 하나로 바닷물을 푸는 아이와 같습니다.

하나님은 나아만이 그것을 알기를 원하셨습니다. 나아만이 하나님 앞에서 어린아이 같은 겸허한 마음이 되기를 원하셨습니다.

그런데 다행히도 나아만 주변에 좋은 조언자들이 있었습니다. 13절을 보면 나아만의 종들이 이렇게 나아만에게 말합니다.

"내 아버지여! 선지자가 당신에게 큰일을 행하라 말하였더면 행하지 아니하였으리이까? 하물며 당신에게 이르기를 씻어 깨끗하라 함이리이까?" 만일 선지자가 어려운 일을 시켰어도 낫기 위해서 들었을 텐데 하물며 가서 깨끗이 씻으라고 하는데 따라야 하지 않겠느냐는 식으로 조언을 해주었던 것입니다.

"요즘 말로 하자면 나아만이시여! 찬밥, 더운밥 가릴 때가 아닙니다. 당신은 절망적인 나병환자이십니다. 그러니 무엇을 가리겠습니까?"

그 조언자들은 나아만으로 하여금 나아만 자신의 참 모습, 그 처해진 상황을 깨닫게 해 주었던 것입니다. 정말 일급참모들이었습니다.

나아만은 그 말을 듣고 정신을 차렸습니다. 자신이 거기에 왜 왔는지를 다시 인식했습니다. 자신이 비참한 문둥병자라는 사실을 깊이 인식하게 되었습니다. 그리고 겸허한 마음이 되었던 것입니다.

이후 나아만은 요단강에 내려가 일곱 번 몸을 담 그었습니다. 선지자의 말 곧 하나님의 말씀대로 그대로 따랐습니다.

어떻게 되었을까요? 놀라운 기적과 감격스런 회복의 역사를 그는 체험하게 되었습니다. **14절에는 이렇게 기록 되어 있습니다. "그의 살이 어린아이의 살과 같이 회복되어 깨끗하게 되었더라"**

어린아이의 살은 얼마나 부드럽고 생명력이 있습니까? 뽀송뽀송합니다. 문둥병으로 문드러졌던 그의 살이 그렇게 소생 되었던 것입니다.

이것이 제일 중요합니다. 하나님 앞에서 어린아이처럼 겸손한 마음이 회복되면 인생이 삽니다. 그 인생과 자아와 삶이 어린아이 살처럼 복되게 살아나게 됩니다.

누구든 하나님께서 함께 하시고 인도하시는 그 놀라운 은총, 자아와 삶이 회복되고 강건하게 되는 은혜를 경험하려면 어린아이처럼 자신을 하나님 앞에 낮추어야 합니다.

축복의 사람들은 다 그와 같이 어린아이와 같은 마음으로 하나님을 믿고 의지하며 하나님을 겸손히 따르며 살았던 사람들이었습니다.

나아만도 결국 그렇게 되었습니다. 하나님의 살아계심과 역사하심을 체험한 나아만은 이전에 하나님 대신에 다른 것을 더욱더 추구했던 것들을 회개하고는 돌이켜 어린아이와 같은 마음으로 하나님을 사랑하고 섬기는 인생이 되었습니다.

어린아이처럼 하나님 나라를 받드는 사람이 천국에 합당하다고 예수님께서 말씀하셨는데 나아만은 그렇게 하나님을 받들었던 것입니다.

만일 나아만이 어린아이처럼 겸손히 마음을 낮추지 않았다면; 그래서 요단강으로 나아가지 않고 그곳을 떠났다면 어떻게 되었을까요? 그의 나병 뿐 아니라 그의 영원한 삶도 회복되지 못했을 것입니다.

그러나 그가 하나님의 말씀을 겸허히 따르게 되었을 때에 그의 몸도, 결국 인생과 영원한 삶도 회복 될 수 있었습니다.

이처럼 하나님 앞에서 어린아이와 같이 자신을 낮추면 어린아이 살과 같이 인생은 소생하게 됩니다. 봄바람이 불면 만물이 소생되는 것처럼 마음에도 꽃이 피고 삶과 인생도 피어나게 됩니다.

"하나님 앞에서 어린아이와 같이 마음을 낮추면 어린아이 살과 같이 그 인생이 복되게 회복된다" 는 이 사실을 함께 기억하면서 어린아이처럼 겸비함으로 하나님과 이웃을 사랑하며 살아가게 되기를 바랍니다. 우리 모두가 겸손하면서도 건강한 자아상을 갖고 참 평강과 행복을 이웃과 더불어 나누게 되기를 소망합니다.

2장 나눔을 위한 질문

1. 사람이 건강한 자아상(자존감)을 갖는 것이 왜 중요할까요?

2. 당신은 어떠한 때에 '괜찮다' (O.K)는 좋은 느낌을 가지시나요?

3. 사람에게 건강한 자아상 혹은 자존감이 없다면 어떤 결과가
   생겨날까요?

4. 건강한 자아상 혹은 자존감을 갖도록 만드는 일반적인 방안에는
   어떤 것들이 있을까요?

5. 하나님의 사랑을 알게 되는 것이 건강한 자아상 형성에 왜 그토록
   결정적으로 중요할까요?

* 유머퀴즈 : 마당에서 열심히 삽으로 구덩이를 팠습니다. 과연 무엇이
   나왔을까요? (답은 뒷장에)

(정답 : 땀이 나왔습니다^^)

3장 긍정성
Affirmation

09 / 생각이 바뀌면 인생이 바뀐다

"우리가 알거니와 하나님을 사랑하는 자 곧 그의 뜻대로 부르심을 입은 자들에게는 모든 것이 합력하여 선을 이루느니라" (롬 8:28)

어느 날 돌쇠에게 손님이 찾아 왔습니다. "돌쇠 이놈아! 고기 한 근 다오!" 그 말을 들은 돌쇠는 묵묵히 고기를 잘라서 그 손님에 주는데 그 때 또 다른 손님이 곧바로 찾아왔습니다.

"돌쇠 씨! 수고하십니다. 고기 한 근 좀 잘라 주실래요" 그런데 이후 두 손님에게 내 놓은 고기의 양이 눈에 띄게 달랐습니다. 그러자 첫 번째 손님이 따졌습니다. "이 놈 돌쇠야! 나한테 주는 고기는 왜 이리 양이 적으냐?" 그러자 돌쇠는 이렇게 대답했다고 합니다.

"아! 그 고기는 돌쇠 놈이 잘라서 고기양이 적고, 이 고기는 돌쇠 씨가 잘라서 고기양이 많습니다" ^ ^

사람은 서로를 긍정적으로 존중해주고 인정해줄 때 좋은 삶들을 함께 나눌 수 있습니다. 긍정적인 생각과 말로써, 사랑의 친절과 표정으로써 상대방을 대할 때 좋은 행복의 결실들이 있게 됩니다.

유명한 오 헨리의 소설 『마지막 잎 새』를 보면 여주인공 소녀가 폐렴을 앓고 있었습니다. 더 큰 문제는 그 소녀에게 생의 의욕이 없었다는 점입니다. 그는 자기 병상에서 보이는 건너편 집 담장에 있는 넝쿨을 바라보면서 그 넝쿨의 마지막 잎이 떨어지면 자신도 죽는다고 생각했습니다.

그리고 사람들에게도 그렇게 이야기를 했습니다. "저 잎이 떨어지면 나도 분명히 죽을 거야"

겨울이 다가오자 드디어 넝쿨의 마지막 잎 새만 남았습니다. 그는 마음의 준비를 했습니다. 그리고 그 날 밤, 바람이 심하게 불었습니다.

다음날 아침, 그녀는 마지막으로 확인해 보았습니다. 그런데 놀랍게도 잎 새는 달려 있었고, 아침 햇살을 맞으며 빛나고 있었습니다.

더 놀라운 일은 다음날도, 그리고 그 다음날도 마지막 잎 새가 그대로 있는 것이었습니다. 그 잎 새의 강인한 생명력을 본 주인공은 삶의 희망을 갖고 마침내 병을 이겨낸다는 이야기입니다.

그 마지막 잎 새는 이미 떨어졌지만, 그 집 1층에 살던 무명 화가인 어떤 할아버지가 이전에 주인공의 사연을 전해 듣고 밤새 비를 맞으며 담장에다가 마지막 잎 새를 그려 넣었던 것입니다.

긍정적인 생각은 사람에게 굉장한 힘을 줍니다. 마이너스 상황이라도 생각만 바꾸면 플러스 상황이 됩니다.

마이너스와 플러스는 줄 하나 차이입니다. 한 번 더 생각하고 줄 하나만 더 그으면 마이너스가 플러스가 됩니다.

성경적으로 볼 때 하나님의 사람들은 얼마든지 하나님 안에서 플러스 생각, 긍정적인 생각을 갖고 희망 중에 살 수 있습니다.

십자가는 플러스(+)입니다. 놀랍게도 주님은 인간의 악도 하나님의 뜻을 드러내시는 선으로 바꾸십니다.

요셉을 애굽에 팔았던 형들의 악행까지도 요셉을 통해 이스라엘 족속뿐만 아니라 전 세계를 살리는 계기가 되도록 하나님은 바꾸셨습니다.

주님은 십자가의 불행도 영원한 축복으로 바꾸셨습니다. 죽음도 부활의 생명으로, 절망도 희망으로, 슬픔도 기쁨으로 다 바꾸십니다.

로마서 8장 28절에서는 말씀합니다. "우리가 알거니와 하나님을 사랑하는 자 곧 그 뜻대로 부르심을 입은 자들에게는 모든 것이 합력하여 선을 이루느니라"

여기에서 합력(合力)이라는 단어가 중요합니다. 합력은 협력(協力)과 다릅니다. 협력은 A의 좋은 힘, B의 좋은 힘 등 여러 좋은 힘들이 하나가 되어 좋은 방향으로 가는 것을 의미합니다. 이것도 좋은 것입니다.

그런데 합력은 협력과 다릅니다. 합력은 내게 좋아 보이는 일이든 그렇지 않은 일이든 간에 상관없이 다 합쳐져서 가장 좋게 되는 것입니다.

실패든 성공이든, 고난의 일이든 순탄이든, 내가 갖고 있는 콤플렉스 같은 약점이든 강점이든, 그리고 과거 일이나 현재 일이나 장래 일이나 그 어떤 일이든 간에 하나님은 그 모든 것을 다 합쳐주시어서 가장 좋은 삶이 되도록 하십니다. 그것이 바로 하나님 안에서의 합력입니다.

그래서 하나님을 사랑하는 자 곧 그 뜻대로 부르심을 입은 자들에게는 모든 것이 합력하여 선이 되는 것입니다.

마치 이쪽의 물줄기와 저 쪽의 물줄기가 합쳐져서 강물을 이루고 그 강물이 큰 대양으로 나아가는 것처럼 우리의 모든 삶들을 하나님은 다 합쳐 주시어서 영원한 승리를 향해 나아가도록 역사하십니다.

왜 하나님은 우리의 삶을 그렇게 복되게 만드시는 것일까요? 우리를 지극히 사랑하시기 때문입니다.

하나님은 우리를 사랑하시기에 우리 삶을 결국 아름답게 해주시고 선이 되게 해주신다는 이 사실을 우리는 믿고 신뢰해야 합니다. 이것을 믿는 것이 참된 믿음입니다. 이러한 믿음을 바탕으로 부정적인 생각이 아닌 긍정적인 생각으로 늘 살 때 우리는 영적으로 강건하게 됩니다.

하나님은 우리가 부정적인 생각을 갖고 낙심한 채 살아가는 것을 원하지 않으십니다. 부정적인 삶의 결과를 낳기 때문입니다.

반대로 하나님은 우리가 긍정적인 생각을 갖고 기쁘고 밝게 살기를 원하십니다. 하나님은 우리가 행복해지는 것을 원하고 계시기 때문입니다.

실제로 스트레스를 받더라도 그 마이너스에 줄 하나 수직으로 끄어서 플러스 생각, 긍정적인 생각으로 바꾸면 몸에 좋은 호르몬들이 생깁니다.

이전에 일본의 명의 하루야마 시게오가 쓴 '뇌내 혁명' 이란 책을 읽고 많은 감명을 받은 일이 있었습니다. 사람이 문제를 만날 때 어떻게 받아들이느냐에 따라 뇌에서 생성되는 물질이 달라진다는 것입니다.

예컨대 마이너스 발상, 즉 어떤 것을 부정적으로 받아들이면 아드레날린과 노드아드레날린 같은 호르몬이 분비되어 몸에 해로운 활성산소를 배출시키고 노화를 촉진시켜 동맥경화나 발암물질을 만듭니다.

감정이 폭발해서 한번 화를 팍 내면 온갖 독기들이 몸 안에 올라오는 것입니다. 그런 상태에서 밥을 먹으면 소화도 안 됩니다. 머리도 아프고 기운도 빠지고 면역도 약화되어 병도 잘 걸립니다.

그러나 반대로 플러스 생각, 즉 긍정적으로 상황들을 잘 해석하게 되면 뇌에서 행복 호르몬인 엔돌핀이 분비되어 마음이 편안해지고 면역력이 강하게 되어 좀처럼 병에 걸리지 않습니다. 생기가 있고 건강해집니다.

성경은 다윗에 대해 이렇게 기록합니다. "그의 빛이 붉고 눈이 빼어나고 얼굴이 아름답더라"(삼상 16:12) 한마디로 그의 얼굴에 생기가 넘쳤다는 뜻입니다.

그만큼 다윗은 하나님 안에서 긍정적인 생각의 소유자였다는 것을 보여줍니다. 사무엘서나 시편에서 다윗을 보면 굉장히 긍정적입니다.

힘든 절망에서도 그는 하나님 안에서 믿음의 긍정성을 회복하였습니다.

"나는 내 얼굴을 도우시는 내 하나님을 오히려 찬송하리로다"(시 43:5)라는 다윗의 고백과 찬송이 성경에 많이 나옵니다.

다윗은 "내가 산을 향하여 눈을 들리라 나의 도움이 어디서 올까 나의 도움은 천지를 지으신 여호와에게서로다"(시 121:1-2) 라고 말하며 긍정적인 믿음을 선포합니다.

우리도 힘들 때 시편을 읽으면 우리 영혼과 정서가 강건해지고 밝아지는 것을 많이 느낍니다. 시편을 많이 읽고 묵상하시기 바랍니다. 은혜를 풍성하게 누리고 영적 생기로 가득하게 될 것입니다.

긍정적인 믿음의 생각을 하면 마음에도, 몸에도, 삶에도 좋은 일들, 행복한 일들이 가득하게 됩니다.

우리는 우리 스스로에 대해 긍정적인 인식과 생각을 가져야 합니다. 주님 안에서 긍정적인 자아상이 필요합니다.

영화 나니아 연대기의 원작자인 C.S. 루이스가 쓴 '순전한 기독교'라는 책에는 거룩한 가장(disguise)에 대한 이야기가 나옵니다. 가장 무도회 할 때 그 가장(假裝)입니다.

우리는 예수님의 제자이기 때문에 예수님의 모양으로 살게 되면 우리의 마음과 삶이 변화된다는 것입니다.

예컨대 마음은 좀 힘들어도 그래도 기쁜 마음을 갖기 위해 기쁜 얼굴의 표정을 먼저 갖는 것입니다. "행복하기 때문에 웃는 것이 아니라 먼저 웃기 때문에 행복해진다" 는 말도 있습니다.

성경적인 믿음을 갖고 우리가 행동하면 그것이 우리의 생각과 삶을 바꾸는 계기가 됩니다. 참된 믿음은 생각과 인식, 행동을 아름답게 바꿉니다.

삶의 도전에 대한 영역에 있어서도 마찬가지입니다. 우리의 힘으로는 약합니다. 부족합니다. 그러나 하나님께서 우리와 함께 하시며 우리를 도와주시기 때문에 하나님 안에서 할 수 있다고 확신하며 감당하면 큰 힘을 발휘합니다.

골리앗 앞에서 사람들은 그 거인은 너무 커서 어떻게 해 볼 수가 없다고 생각했습니다. 그러나 다윗은 도우시는 하나님을 믿고 거인은 크니까 아무 대나 던져도 돌이 날아가서 맞을 것이라는 식으로 생각했습니다.

우리도 하나님을 믿고 신뢰하면서 믿음의 긍정적인 생각, 플러스 생각을 갖고 나아가야 합니다. 그러면 일상에서 만나는 홍해들이 하나님의 도우심으로 갈라지게 됩니다.

가정에서든, 직장에서든 어디서든 믿음의 플러스 생각으로 나아가는 삶 앞에서 그 모든 삶의 난제들은 맥을 못 추게 됩니다.

하나님을 믿는 긍정적인 믿음으로 나갈 때 그 난제들은 작아 보이고 결국은 아무것도 아닌 것으로 밝혀지게 될 것입니다.

10 / 산은 두려움 없이 오르는 자에게 정복된다

"이에 백성들이 아침에 일찍이 일어나서 드고아 들로 나가니라 나갈 때에 여호사밧이 서서 이르되 유다와 예루살렘 주민들아 내 말을 들을지어다 너희는 너희 하나님 여호와를 신뢰하라 그리하면 견고히 서리라 그의 선지자들을 신뢰하라 그리하면 형통하리라 하고 백성과 더불어 의논하고 노래하는 자들을 택하여 거룩한 예복을 입히고 군대 앞에서 행진하며 여호와를 찬송하여 이르기를 여호와께 감사하세 그의 인자하심이 영원하도다 하게 하였더니 그 노래와 찬송이 시작될 때에 여호와께서 복병을 두어 유다를 치러 온 암몬 자손과 모압과 세일 산 주민들을 치게 하시므로 그들이 패하였으니 곧 암몬과 모압 자손이 일어나 세일 산 주민들을 쳐서 진멸하고 세일 주민들을 멸한 후에는 그들이 서로 쳐죽였더라" (대하 20:20-23)

팔이 없는 무서운 이야기가 있습니다. 1, 2, 3, 4, 5, 6, 7, 9, 10. 팔이 없는 이야기입니다♥ 그리고 목이 없는 이야기는 월, 화, 수, 금, 토~ ^ ^

알고 보면 두려운 것이 아닌 것이 많습니다. 하나님을 향한 믿음으로 염려와 두려움을 극복할 때 우리 영혼과 삶에는 강건함과 승리가 넘치게 됩니다.

역대하 20장에서 남 유다의 여호사밧 왕은 일생일대에 가장 큰 위기와 어려움을 겪게 되었습니다. 여러 나라들이 합세해서 여호사밧을 공격해 왔던 것입니다.

그러한 큰 위기 속에서 어떻게 그 모든 것을 극복할 수 있었을까요? 20장 3절을 보면 처음에 여호사밧은 두려워했다고 되어 있습니다. 일반적으로 사람은 위기를 겪으면 두려워합니다.

혹시 소외되지는 않을까? 버림 받지는 않을까? 실패하지는 않을까? 잘못되지는 않을까? 하는 두려움들을 사람들은 순간순간 갖고 삽니다.

그래서 위기나 문제 그 자체보다도 오히려 그 문제에 대한 두려움 때문에 삶을 포기하거나 좌절하거나 현실을 회피하는 일들이 많습니다.

특히 두려움은 몇 가지 방면으로 사람들의 인생을 방해합니다. 먼저 두려움은 사람에게 있는 잠재된 능력을 발휘하지 못하게 합니다.

사람 안에는 누구나 하나님께서 주신 잠재력들이 많습니다. 누구든지 장점들, 강점들이 다 있습니다. 좋은 재능들이 있습니다. 그러나 두려움은 그것들이 잘 발휘되지 못하도록 억누릅니다.

폴 트루니에(Paul Tournier)는 이런 말을 했습니다" 우리 모두에게는 하나님께서 주신 무한한 잠재력의 보고가 있다. 좋은 장점들이 많다. 하지만 두려움이라는 괴물이 우리가 가진 긍정적인 잠재력을 발휘하지 못하게 막고 있다"

누구든지 좋은 잠재력들이 있어서 얼마든지 가치 있는 일을 할 수 있는

데도 두려움이 감옥이 되어 그 좋은 잠재력들을 가둡니다. 그래서 주저하게 하고 좋은 기회들을 놓치게 만드는 것입니다.

또한 두려움은 사랑의 관계를 방해합니다. "인간관계에서 생기는 대부분의 문제들"은 두려움에 뿌리를 두고 있습니다.

사람들로부터 거절 받을 것 같은 두려움 때문에 사랑을 나누며 살지 못하는 경우가 많습니다. 그래서 상대방을 향해 마음을 열고 열린 마음으로 사랑하며 살지 못하게 만듭니다.

그러나 진정한 사랑은 사랑함으로 인해 받게 될 상처들을 피하지 않고 그 상처를 직면하고 극복하는 것입니다. 그것이 사랑의 용기입니다.

요한일서 4장 18절에서는 이렇게 기록되어 있습니다. "사랑 안에 두려움이 없고 온전한 사랑이 두려움을 내쫓나니 두려움에는 형벌이 있음이라 두려워하는 자는 사랑 안에서 온전히 이루지 못하였느니라"

무지하게 추운 날에는 어떤 용이 나타날까요? 답은 추위용입니다 ^ ^ 세상이 아무리 춥고 냉냉하고 삭막해도 우리는 주님 닮은 사랑의 용기로 세상을 이겨야 합니다.

또한 두려움은 전인적 승리를 방해합니다. 늘 뜀박질을 하는 도시는 어디일까요? 답은 경주입니다. ^ ^ 인생은 경주와 같다고들 합니다.

사람은 인생의 경주에서 장애물이 있어도 뛰어 넘어야 합니다. 경기에서 승리하려면 난관이 있어도 뛰어 넘는 모험을 감수해야 합니다.

진정한 성숙은 모험을 피하지 않고 직면할 때 이뤄집니다. 주님 뜻 안에서 거룩한 모험을 감수해야 좋은 결실을 얻게 됩니다.

그런데 이 두려움이라는 것이 사람으로 하여금 거룩한 모험을 하지 못하게 만듭니다. 그래서 승리를 체험하지 못하게 합니다.

사람은 반드시 장애물과 난관을 정면으로 돌파하고 직면해서 뛰어 넘어야 승리를 거둘 수 있습니다.

독사에게 물리면 죽습니다. 그러나 독사를 잡아서 먹으면 힘이 생깁니다. 에덴동산에서 아담과 하와 대신에 우리나라 사람이 있었으면 그냥 그 뱀을 통째로 잡아먹었을 텐데 하는 아쉬움도 있습니다. ^ ^

두려움은 마치 뱀과 같습니다. 그것에 물리지 말고 잡아먹어야 합니다. 물렸더라도 다시 독을 빼고 끝까지 따라가 잡아먹어야 합니다. 그러면 더욱더 힘이 생깁니다.

영어로 푸른 집은 블루하우스라고 합니다. 그리고 하얀 집은 화이트 하우스라고 합니다. 그렇다면 투명한 집은 영어로 뭐라고 그럴까요? 답은 비닐하우스입니다♥ 아무리 추워도 비닐하우스 잘 세워놓으면 그 안에서 추위를 이깁니다. 우리는 그렇게 세상의 추운 세파를 두려움 없이 이겨내야 합니다.

저는 요즘 새벽기도 후에 꼭 운동을 합니다. 그런데 두 주 전쯤에 체감온도 영하 20도가 되던 날이 있었습니다.

그날 새벽기도를 마치고 운동하러 갈까 말까 굉장히 망설였습니다. 그러나 혹한기 동계훈련이라고 생각하면서 영적, 정신력을 강화하는 의미에서 운동하러 나갔습니다.

"추위야! 와라. 내가 간다" 하면서 밖으로 나갔습니다. 1시간 달리고 나니까 나중에는 땀이 나서 몸 안이 비닐하우스 안에 있는 것처럼 푸근했습니다. 그 날 제가 추위용을 잡아먹었습니다 .^ ^ 굉장히 뿌듯햇습니다. 그리고 그 날 이후 웬만큼 추워도 거뜬합니다.

운동뿐만 아니고 뭐든지 그렇습니다. 힘든 고난이나 환경을 극복하는 그 신선한 맛, 더욱 힘이 생기는 그 맛을 우리는 맛보아야 합니다.

하나님의 사람들은 장애물과 난관이 있을 때 그것 때문에 두려워하거나 그것 때문에 침체의 늪에 빠지지 말아야 합니다.

"운명아! 하나님의 은혜의 능력으로 내가 너에게 맞선다" 라고 해야 합니다. 믿음으로 운명에 맞서는 사람들 앞에 운명은 결국 꼬리를 내리게 되어 있습니다. 운명이 길을 비키게 됩니다. 산은 두려움 없이 오르는 자에게 정복되는 것입니다.

그렇다면 어떻게 해야 두려움을 극복할 수 있으며 담대하게 나아가는 삶이 될 수 있는 것일까요?

그것은 우리의 생래적인 인성이나 인간적인 힘으로 되는 것이 아닙니다. 오직 함께 하시며 역사하시는 하나님만을 신뢰할 때에 예수님 안에서 세상을 향해 맞서는 삶을 아름답게 살게 되는 것입니다.

예수님은 제자들에게 근심하거나 두려워하지 말라고 하시면서 하나님을 믿으니 또 나를 믿으라고 하셨습니다(요 14:1)

그리고 주님은 십자가를 맞이하셨습니다. 이후 친히 부활 승리하심으로 어둠의 권세를 이기셨습니다. 죽음의 권세를 다 깨셨습니다. 영원한 구원과 승리를 다 이루셨습니다. 그러기에 주님의 사람들은 주님과 함께 세상을 이기게 되었습니다.

"너희는 이 큰 무리로 말미암아 두려워하거나 놀라지 말라. 이 전쟁은 너희에게 속한 것이 아니요 하나님께 속한 것이니라" (역대하 20:15) 전쟁은 하나님께 달려 있는 것이고, 하나님께서 함께 하시면서 승리를 주실 것이나 너희는 두려워하지 말라는 뜻입니다.

역대하 20장 17절에서도 "이 전쟁에서는 너희가 싸울 것이 없나니 대열을 이루고 서서 너희와 함께 한 여호와가 구원하는 것을 보라. 유다와 예루살렘아 너희는 두려워하지 말며 놀라지 말고 내일 그들을 맞서 나가라. 여호와가 너희와 함께 하리라"

"대열을 이루고 서라" 는 것은 운명을 향해, 문제와 난관을 향해 직면하고 맞서며 돌파하면서 나아가라는 뜻입니다.

전에 하나님은 기근과 생존으로 인해 두려워하던 아브라함, 광야에 있던 그에게 말씀하셨습니다.

"아브라함아 두려워 말라 나는 너의 방패요 나는 너의 지극히 큰 상급이니라" (창 15:1)

하나님은 오늘날 광야생활을 사는 우리에게도 동일하게 말씀합니다.

사람이 하나님을 굳건하게 믿지 않으면 두려움에게 물립니다. 그러나 반대로 누구든 살아계신 하나님을 굳건히 신뢰하며 살면 두려움을 잡아먹게 됩니다. 그리하여 난관에 맞서게 되고 이기게 되며 주님 안에서 승리하는 생애가 됩니다.

신앙이란 거룩한 낙관입니다. 하나님만을 신뢰하는 믿음으로 과감하게 두려움과 맞서고 난관을 직면하고 돌파하는 것이 참된 신앙입니다.

역경과 고난이 있어도 두려워하지 않고 하나님만을 신뢰하며 그 모든 것들과 부딪히면서 나아가면 하나님 안에서 모든 것을 극복하게 됩니다.

늘 함께 하시며 인도하시는 하나님, 모든 것을 합력해서 선이 되게 하시는 하나님만을 굳건히 신뢰하심으로 담대하게 현재와 미래를 향해 나아가시기를 바랍니다.

11 / 문제는 하나님의 긍정을 체험하는 기회이다

"예수께서 그들에게 이르시되 항아리에 물을 채우라 하신즉 아귀까지 채우니 이제는 떠서 연회장에게 갖다 주라 하시매 갖다 주었더니 연회장은 물로 된 포도주를 맛보고도 어디서 났는지 알지 못하되 물 떠온 하인들은 알더라 연회장이 신랑을 불러 말하되 사람마다 먼저 좋은 포도주를 내고 취한 후에 낮은 것을 내거늘 그대는 지금까지 좋은 포도주를 두었도다 하니라" (요 2:7-10)

사람들은 흔히 "힘들다" 라는 말을 많이 합니다. 그런데 알고 보면 "힘이 들다" 라는 말은 "힘이 들어오고 있다" 라는 뜻으로 바꿀 수 있습니다. 그리고 "짜증난다" 라는 말들도 많이 합니다. "짜증난다" 그것은 "짜증이 나가고 있다" 라는 뜻으로 바꿀 수 있습니다. ^ ^

그리스도인들은 거룩한 낙관주의자들입니다. 낙관주의(optimism)는 미래에 대한 긍정적인 생각, 희망적인 생각을 갖고 사는 것을 뜻합니다.

　힘들 때일수록 생각과 말을 뒤집어 긍정적인 면을 찾고 이야기 하는 것이 좋습니다. 그렇게 역발상을 하면서 긍정적인 마음으로 현재와 미래를 향해 나아가는 삶이야말로 건강한 믿음의 낙관으로 사는 그리스도인의 고유한 삶의 모습입니다.

　우리네 인생은 문제의 연속이라는 말이 있습니다. 하나를 해결하면 또 하나의 문제가 다가옵니다. 마치 파도가 올 때 하나를 넘으면 계속해서 또 다른 하나가 오는 것과 같습니다.

　그래서 사람들은 계속해서 다가오는 문제들을 버거워하고 힘들어 합니다. 누구든 그렇습니다.

　사람은 본래부터 완전하지 않습니다. 전능하지 않습니다. 그래서 한계 상황 앞에서 힘들어하는 것입니다. 사람에게는 스스로의 능력 창고가 있습니다. 그 창고는 무궁무진하지 않습니다. 창고 안에 있는 것들을 쓰면 없어집니다.

　자동차에서 엔진오일이, 냉각수가 떨어지면 과열이 되는 것처럼 사람도 문제들 앞에서 힘과 능력을 사용하다보면 창고가 비게 되어 있습니다. 그러면서 스트레스가 과중되고 정서적인 탈진이 됩니다. 평안한 마음도, 기쁨과 행복의 감정도 메마르게 됩니다.

　요한복음 2장을 보면 어떤 혼인잔치에 포도주가 다 떨어지게 됩니다. 예수님은 가나 지역의 어떤 결혼식에 초청을 받으셨습니다. 어머니 마리아와 제자들과 함께 참석하셨습니다.

당시에도 결혼식 이후에는 잔치를 베풀었습니다. 그러한 때 꼭 사용했던 음료가 포도주였습니다.

우리나라에서도 특히 전라도 지방에서 잔치할 때 마다 꼭 나오는 음식이 있습니다. 홍어입니다. 홍어는 그야말로 잔치 상의 주인공입니다. 잔치 집에서 홍어가 빠지면 안 된다고 할 정도로 중요한 음식입니다.

톡 쏘는 그 맛! 생각 만 해도 군침이 돕니다, 이스라엘의 혼인잔치에서는 포도주가 그런 역할이었습니다. 아니 절대 필수요소였습니다.

그런데 잔치 분위기가 좋아질 무렵, 그만 포도주가 떨어졌습니다. 보통 잔치에서 포도주가 없으면 잔치는 파장이 되고 맙니다.

멀리에서 손님들을 모셔 놓고는 큰 낭패가 아닐 수 없었습니다. 잔치에 위기가 찾아왔습니다. 이 때 어머니 마리아는 예수님께 그 문제에 대해 해결해 주실 것을 요청합니다. 주님께 의뢰했던 것입니다.

여기에서 문제를 해결하는 결정적인 방법을 보게 됩니다. 그것은 주님께 맡기는 것입니다. 하나님께 문제를 맡기면 결국 아름답게 됩니다. 나의 어떤 문제든, 어떤 상황이든 상관없습니다. 주님을 찾고 주님께 문제를 의뢰하면 됩니다.

우리에게 찾아온 각종 문제들은 우연으로 된 것이 아닙니다. 주님의 뜻 안에 이뤄진 것입니다. 우리가 겪는 모든 삶이 주님의 뜻 안에 있음을 인정하면서 주님 앞에 다 내려놓는 것이 중요합니다.

요셉은 항상 하나님의 주권과 뜻을 인정하였습니다. 그는 억울한 일들을 많이 겪었습니다. 믿었던 형들에게 배반당하여 팔렸습니다.

애굽에서 노예 생활을 하였습니다. 게다가 누명을 쓰고 감옥에 가기도 하였습니다. 보통의 경우라면 그런 상황에서 복수를 꿈꿨을 것입니다. 마음과 얼굴에는 찬바람이 쌩쌩 불고 비정한 인생이 되었을 것입니다. 그러나 요셉은 아무도 원망하지 않았습니다. 온유한 마음으로 성실하게 생을 살았습니다.

훗날 모든 고난을 통과한 후 총리가 된 요셉은 "모든 것은 하나님의 뜻입니다. 하나님은 많은 사람들을 구원하시고 살리시기 위해 저를 형들보다 먼저 애굽으로 보내신 것입니다" 라고 고백하였습니다.

요셉은 자신의 인생이 하나님의 뜻 안에 있음을 알았기 때문에 모든 아픔까지라도 하나님께 다 맡기고 내려놓으며 감사와 찬양으로 살았던 것입니다. 이것이 바로 참된 맡김의 삶입니다.

우리의 삶은 내 것이 아니라 주님의 것입니다. 우리는 살면서 나만이 내 인생의 핸들을 잡아야 한다고 생각합니다. 그래서 온갖 강박관념과 짐이 많습니다. 피곤하고 지치며 탈진되곤 합니다. 하지만 우리를 사랑하시는 하나님은 내 인생의 핸들을 붙잡고 계십니다. 우리는 하나님께 맡기고 마음의 쉼과 평안을 누려야 합니다.

잘 알려진 예화가 있습니다. 우리나라 초창기에 어떤 선교사님이 차를 몰고 시골 길을 달리고 있었습니다.

그때 어떤 할머님이 머리에 짐을 이고서는 힘겹게 길을 가고 계셨습니다.

그래서 선교사님은 할머니를 차 뒷좌석에 태워 드렸습니다.

 가다가 보니까 할머니가 차에 타셨는데도 여전히 무거운 짐을 머리에 이고 계시는 것이었습니다. "할머니! 무거운 짐을 다 내려놓으시지 왜 머리에 이고 계세요?" 그랬더니 할머니는 이렇게 대답하셨습니다. "별 말씀을 다 하십니다. 저 하나 얻어 타는 것도 죄송한데 이 짐까지 내려놓기가 미안해서 그렇습니다" ^ ^

 우리도 그렇게 지낼 때가 많습니다. 주님께서 운행하시는 차에 탔는데 내가 짐을 끌어안고 힘들어 하는 것입니다.

 주님은 말씀합니다. "수고하고 무거운 짐 진 자들아 다 내게로 오라 내가 너희를 쉬게 하리라"(마 11:28)

 주님께 우리의 모든 짐들, 연약함과 문제들을 다 의뢰하며 내려놓으면 됩니다. 무엇이든지 내가 다 하려고 하면 스트레스만 쌓입니다. 하지만 하나님께 맡기면 세상이 알지 못하는 마음의 평안이 임합니다. 우리 인생은 더욱더 아름답게 되는 것입니다.

 유럽에는 다뉴브강을 헤엄쳐 건너는 수영 경기가 있습니다. 그 경기에서 가장 위험한 곳은 강 한 가운데 소용돌이 지역이라고 합니다.

 수많은 선수들이 그 지점에서 경기를 포기합니다. 그러나 원숙한 선수들은 소용돌이를 잘 극복해냅니다. 요령은 간단합니다.

 소용돌이 지점에서는 빠져나오려고 몸을 움직일수록 점점 더 깊은 곳으로 빨려들어 갑니다. 그래서 기진맥진하여 경기를 포기하게 됩니다.

하지만 빠져나오는 방법은 소용돌이를 만날 때 그냥 가만히 있는 것입니다. 힘을 빼는 것입니다. 그러면 소용돌이가 몸을 빨아들였다가 다시 순식간에 수면 위로 되돌려놓습니다. 그것이 소용돌이를 극복하는 결정적인 비결입니다.

문제의 소용돌이가 올 때 내 인간적인 힘으로 뭔가 해결하려고 하면 더 어려울 수 있습니다. 그 문제 역시 주님 안에 있음을 인정하면서 주님께 맡겨야 합니다. 그러면 하나님은 우리로 하여금 문제의 소용돌이 속에서 빠져 나오도록 역사해 주십니다.

내 삶이 하나님 안에 있음을 알면 문제는 커 보이지 않습니다. 그 모든 것 안에서 하나님을 보게 됩니다. 문제를 다스리시는 전능하신 하나님을 발견하게 됩니다. 그 때에 믿음으로 하나님을 의지하게 되면 하나님께서 함께 하시며 동행하심을 알게 되고 참된 평안을 얻게 됩니다.

어느 안개가 낀 날 어떤 사람이 등산을 하다가 밑으로 떨어졌습니다. 다행히 떨어지면서 나뭇가지를 붙잡고 대롱대롱 매달리게 되었습니다.

그는 위를 쳐다보면서 힘을 다해 소리 질렀습니다. "도와주세요. 위에 누구 없습니까?"

그때 구름 사이로 음성이 들려왔습니다. "나는 네가 믿는 하나님이다. 너는 그냥 잡고 있는 나뭇가지를 놓아라. 그러면 살 것이다"

그런데 그 사람은 불안해서 손을 놓을 수가 없었습니다. 하나님의 음성이라도 따를 수가 없었습니다. 그래서 그 사람은 위를 향해 다시 소리를 질렀습니다. "혹시 그 위에 다른 분은 없나요?"

결국 돕는 사람이 없어서 손을 놨더니 쿵하고 떨어졌는데 거기가 낭떠러지가 아니라 1m 정도 높이였답니다. ^ ^

우리도 꼭 이와 같을 때가 많습니다" 염려 말아라. 그냥 내려놓아라. 그러면 좋게 될 것이다" 하시는데도 하나님 말씀대로 안합니다. 문제를 자신이 다 쥐고 있는 것입니다.

주님께 내려놓으시기 바랍니다. 문제로 인해 염려하지 마시기 바랍니다. 하나님 안에 있으면 모든 삶이 아름답게 됩니다.

"너의 행사를 여호와께 맡기라 그리하면 너의 경영하는 것이 이루리라" (잠 16:3)

"네 짐을 여호와께 맡기라 그가 너를 붙드시고 의인의 요동함을 영원히 허락하지 아니하시리로다" (시편 55:22)

결국 마리아는 포도주가 떨어진 상황, 그 문제를 주님께 맡깁니다. 모든 것을 주님께 다 맡기면 된다고 믿었던 것입니다.

주님께 다 맡겼더니 어떻게 되었을까요? 자신들의 생각이나 방법을 내려놓고 주님의 말씀대로 했더니 물이 변하여 포도주가 되는 놀라운 기적이 일어났던 것입니다. 처음보다 훨씬 더 좋은 상황이 된 것입니다.

홍어의 고향은 흑산도에서 좀 멀게 떨어진 바다입니다. 지금이야 배가 빨라서 고기를 잡아도 금방 육지로 이동해 옵니다. 하지만 옛날에는 냉장 시설이 없어서 어부들이 애써 잡은 생선들이 육지의 어시장까지 가기 전에 상해 버리기 일쑤였습니다.

 그런데 물고기 중에는 썩었는데도 더 좋게 된 물고기가 있었습니다. 썩었어도 먹고 배탈이 안 날 뿐만 아니라 오히려 톡 쏘는 맛이 기가 막히게 좋고, 고혈압에도, 몸의 해독에도 도움이 되는 놀라운 생선이 있었으니 그것이 바로 홍어였던 것입니다. 처음에는 안 좋게 보였던 것이 훨씬 더 좋은 상태가 된 것입니다.^ ^

 우리의 삶도 그렇습니다. 어떤 문제 때문에 속 썩는 것 같고 마음이 상해도 그것을 주님께 맡기면 더 좋게 됩니다. 주님 안에서는 문제들이 좋게 발효가 되고, 훌륭한 인생의 맛과 빛을 낼 수 있는 것입니다.

 주님께 다 맡기면 아픔이 변하여 위로가 되고, 근심이 찬송이 되며, 슬픔과 절망이 변하여 영원한 기쁨과 소망이 되는 것입니다.

 주님께서 역사하시면 우리 생각이나 예상을 뛰어 넘습니다. 새 생명 축제 때에도 놀라운 구원의 기적들이 많이 일어나지 않았습니까?

 하나님은 무에서 유를 만드시고, 온 천지 만물을 말씀으로 창조하시기에 물이 포도주가 되는 일쯤은 아무 것도 아닙니다.

 물이 포도주가 되는 것은 인간들이 볼 때는 도저히 믿겨지지 않는 기적이지만 하나님 앞에서는 아무 것도 아닙니다. 하나님 앞에서는 기적이 상식입니다. 하나님은 그러한 일들을 눈 감고도 하십니다♥

 주님께서 역사하시면 가장 연약한 상태가 가장 강건하게 됩니다. 새 포도주와 새 기쁨이 넘치는 은혜의 상황이 되는 것입니다. 하나님께 모든 문

제를 갖고 나아가면 아름답게 됩니다. 그리고 그렇게 문제를 가지고 주님께 나아가 맡겨드리는 것이 기도입니다.

브라질의 국가 대표이고 세계 제일의 축구선수이자 꽃미남 선수인 카카 선수가 있습니다. 그는 청소년 시절 수영장에서 다이빙하다가 완전히 척추를 다쳐 완전히 불구가 될 위기 가운데 있었을 때 야곱처럼, 히스기야처럼 몇 날 몇일을 눈물의 기도로 밤을 새웠습니다.

그래서 그의 척추는 깨끗하게 고침을 받았던 것입니다. 그는 지금도 하나님의 은혜를 늘 기억하고 있습니다. 골을 넣을 때마다 하나님께 감사하고 있습니다. 그리고 하루하루를 성실하게 살고 있습니다.

또한 전 백악관 사회복지 정책 차관보로 계셨던 강영우 박사님이나 이지선 자매를 알고 계십니다. 하나님은 그분들을 깨끗하게 낫게 하시지 않으셨습니다. 한분은 맹인으로서, 한분은 전신의 화상을 입은 모습이 그대로 남아 있습니다.

그러나 그분들 역시 자신들의 문제와 삶을 기도로 주님 앞에 다 맡기며 살았습니다. 하나님은 그분들의 문제를 더 좋은 쪽으로 만들어 주셨고, 그들의 약함 때문에 오히려 많은 심령들이 위로와 희망 가운데 거할 수 있도록 그분들의 인생을 아름답게 만들어주신 것입니다.

기도로 문제와 삶을 주님께 맡기면 주님께서 문제를 없이 해주시든지, 아니면 문제를 더 좋게 승화시켜주시어 더 아름답게 하십니다. 기도로 매사를 주님께 맡기면 어떤 결과이든 아름답게 됩니다.

당시 잔치집 손님들은 어떻게 이렇게 최상급의 포도주를 나중에야 내어 오느냐? 고 하면서 기뻐하였습니다.

주님께 우리 생애를 계속해서 맡기면 처음보다 나중이 훨씬 더 좋게 될 것입니다. 이 땅에서의 삶보다 저 영원한 천국에서의 삶이 비교할 수 없이 훨씬 더 행복하고 영광스럽게 될 것입니다.

주님은 우리를 위해 죽으셨습니다. 주님은 십자가의 사랑으로 죄의 멸망 길에 있던 우리를 건져주셨습니다. 주님은 우리의 구원이 되셨습니다. 주님은 우리의 영원한 생명이 되셨습니다.

그러므로 주님께 삶을 맡길 때 우리 영혼 가운데 새 포도주보다 더한 구원의 기쁨과 강건한 평안이 강물처럼 흐르게 될 것입니다.

우리의 문제를 주님께 기도로 내려놓으면 그 모든 문제들은 주님 안에서 긍정적인 방향으로 변화되게 될 것입니다.

주님의 신실하신 사랑을 기억하시면서 날마다 매순간마다 모든 것을 기도로 맡기시기 바랍니다.

기도는 친구에게 이야기 하듯, 부모님께 아뢰듯 하나님께 마음으로 아뢰는 것입니다. 기도는 상담적인 것입니다. 우리의 연약함과 어려움을 하나님 께 다 아뢰고 토로하는 것입니다.

그렇게 기도를 통해 하나님 앞에 우리의 연약함과 문제들을 맡기면 삶이 하나님 안에서 견고하게 빚어지게 되는 것을 체험하게 될 것입니다.

12 / 욕심이 비워진 마음에 긍정의 행복이 있다

"내가 주 안에서 크게 기뻐함은 너희가 나를 생각하던 것이 이제 다시 싹이 남이니 너희가 또한 이를 위하여 생각은 하였으나 기회가 없었느니라 내가 궁핍하므로 말하는 것이 아니니라 어떠한 형편에든지 나는 자족하기를 배웠노니 나는 비천에 처할 줄도 알고 풍부에 처할 줄도 알아 모든 일 곧 배부름과 배고픔과 풍부와 궁핍에도 처할 줄 아는 일체의 비결을 배웠노라 내게 능력 주시는 자 안에서 내가 모든 것을 할 수 있느니라" (빌 4:10-13)

돌보다 더 강한 것은 무엇일까요? 답은 머리카락입니다. 머리카락은 돌을 뚫고 나오기 때문입니다. ^ ^

부드러운 희망이, 건강한 낙관성이 어려움을 뚫고 이깁니다. 하나님께서 주시는 참된 삶의 희망을 갖고 살면 문제와 어려움이 있어도 그 모든 것들을 결국 다 극복하게 됩니다.

모든 곳에는 길이 있습니다. 땅에는 사람이나 자동차들이 다니는 길이 있고 하늘에는 비행기들이 다니는 길이 있습니다. 바다에도 배들이 다니는 길이 있습니다. 그 길을 따라 가면 원하는 곳에 도착합니다. 길은 좋은 결과를 얻게 합니다.

인간 삶에도 길이 있습니다. 건강을 유지하는 길이 있고, 인간관계를 잘 맺는 길도 있습니다. 우리 삶을 좋게 만드는 길들이 있습니다.

그리고 근본적으로는 사람이 행복하게 사는 길도 있습니다. 사람이 행복하게 사는 길을 알고 그것대로 가면 행복해집니다.

성경은 우리에게 행복해질 수 있는 길을 가르쳐줍니다. 하나님은 사랑이십니다. 사랑은 상대방의 행복을 원하는 것입니다.

하나님은 우리를 사랑하시기에 우리에게 행복하게 사는 길을 성경을 통해 가르쳐주십니다. 그러기에 이 성경을 보면 행복하게 사는 길을 알게 됩니다. 성경은 우리의 인생을 위해 하나님께서 만드신 지도입니다.

빌립보서 4장을 보면 행복하게 사는 길을 터득했던 사람이 나옵니다. 사도 바울입니다. 바울은 예수님한테 행복하게 사는 길을 배웠습니다.

11절에도 "나는 배웠노니" 고백합니다. 12절에도 "일체의 비결을 배웠노라" 이전에는 몰랐는데 그 길을 예수님께 배웠다는 것입니다.

사람이 좋은 것들을 배우는 것은 큰 축복입니다. 좋은 스승으로부터 무언가 끊임없이 잘 배우는 사람은 크게 발전합니다. 하물며 성경을 통해 하나님께 행복의 길을 배우는 것은 큰 기쁨이고 축복입니다.

본문 10절에도 "내가 주안에서 크게 기뻐함은" 이라고 되어 있습니다. 바울은 그야말로 기뻐하며 살았습니다.

빌립보서는 바울이 감옥에 있었을 때 썼던 편지입니다. 당시 복음을 전하다가 감옥에 갇혔습니다. 열악한 환경 가운데 있었습니다.

그럼에도 이 빌립보서에는 바울의 기쁨과 행복이 가득 담겨 있습니다. 어떻게 그럴 수 있었을까요? 주님 안에서 행복하게 사는 길을 터득했기 때문입니다. 그는 행복의 비결을 알았습니다.

11절을 보면 바울은 자족하기를 배웠다라고 말합니다. 자족은 만족하며 사는 것을 뜻합니다. 작은 것에 만족할 줄 아는 것입니다.

인간 스스로의 노력에 의한 자기만족이 아니라 예수님으로 인한 만족과 풍성함을 의미합니다. 좋은 만족은 행복의 길입니다.

왜 사람은 만족할 줄 모르며 불행하게 사는 것일까요? 그것은 욕심 때문입니다. 가정에서도 서로 남편이나 혹은 아내를 향해 많은 것을 요구합니다. 그러면 마음의 행복이 사라집니다.

우리도 상대방을 위해 모든 일들을 친절하게 잘 못해줍니다. 그런데도 도리어 상대 배우자에게 너무 많은 요구를 속으로 합니다.

드라마나 영화를 보면 종종 완벽해 보이는 사람들이 나옵니다. 일본 주부들은 배용준이 나오면 그 배용준하고 남편하고 비교한다는 이야기를 들었습니다

일본 주부들은 욘사마를 보면서 남편이 자상하지 못해도 "내가 배용준

을 보고 참는다” 그렇게 이야기한다고 합니다.

남편들도 마찬가지입니다. 아내가 늘 잘해주면 좋겠다. 욕심 부리면 안 됩니다. 우리는 남편이나 아내를 향해 “나 같은 사람 안 떠나고 같이 곁에 살아주는 것만 해도 감사하다” 그렇게 감사하며 살면 좋습니다.

서로에게 감사하는 것 , 그것이 자족입니다. 자녀에게도 너무 많은 것을 요구하면 자녀가 힘이 듭니다. 그냥 건강하게 자라주는 것만 해도 얼마나 감사한 일입니까?

왜 이렇게 공부안하냐고 달달 볶으면 피차에 괴롭습니다. 너무 완벽하기를 원하면 다 힘들어집니다. 직장 동료들에게도 너무 많은 것을 요구하지 말아야 합니다. 우리는 누구를 대하든지 서로에게 감사하면서 자족하면서 지내야 합니다.

경행록이라는 고서에도 보면 “탐하기를 힘쓰면 근심만 더하지만 족한 줄을 알면 항상 즐거워 할 수 있다” 라는 말이 있습니다.

또한 지족자부(知足者富)라는 말도 있습니다. 족한 줄을 아는 사람이 진정한 부자라는 뜻입니다.

욕심을 버리면 행복합니다. 반면에 욕심이 지나치면 만족이 없습니다. 그러한 욕심을 가리켜 성경은 탐욕이라고 부릅니다. 욕심의 특징은 계속해서 더 많은 것을 요구합니다.

잠언 30:15절에서 말씀합니다. “거머리에게는 두 딸이 있어 다고 다고 하느니라”

찰거머리는 한번 붙으면 안 떨어집니다. 몸에 붙어 피를 빨아 먹습니다. 저도 어렸을 때 논가나 개천가에서 놀 때 거머리가 제 몸에 달라붙었던 기억들이 납니다. 이상한 것은 다른 애들보다도 저한테 더 잘 달라붙었습니다. 제 피가 맛있어서 그랬나 봅니다.^ ^

하여간 떼어내려고 해도 잘 안 됩니다. 욕심은 마치 거머리와 같습니다. 계속해서 달라붙습니다. 안 떨어집니다. 더 많은 것을 요구합니다. 끝이 없는 것입니다. 더 많은 권력, 더 많은 성공에 집착하게 만듭니다.

새끼 개구리들이 초원에서 놀다가 황소 한 마리를 만났습니다. 개구리들은 처음 본 황소에 놀라서 집으로 와서는 한 마디씩 떠들어댔습니다. 그중에서 막내 개구리가 이야기 했습니다.

"우리 아빠도 마음만 먹으면 그 황소보다 커질 수 있어!" 아빠 개구리는 그 이야기를 듣고 자신을 과신했습니다.

"그래, 아빠 배는 황소보다도 더 클 수 있어. 보여 줄 터이니 비교해 봐라~" 아빠 개구리는 힘껏 공기를 들이마시고는 배를 부풀리기 시작했습니다. 그 모습을 본 개구리들은 아빠 잘한다 하면서 응원을 했습니다.

더 신이 난 아빠 개구리는 배를 떠 크게 할 욕심에 이만하면 황소보다 더 크지~ 하면서 끝까지 부풀리다가 어떻게 되었나요? 그만 빵~하고는 배가 터졌다는 이야기가 있습니다.^ ^

욕심으로 살면 나중에 속 터집니다. 허무해집니다. 어떤 분의 고백입니다. 그분은 집이 없이 지내다가 열심히 돈을 모아 집을 샀습니다.

그러나 집 밖에 있는 화장실이 불편해 만족하지를 못했습니다. 이후에 돈을 더 벌어 집안에 화장실 있는 집을 샀습니다.

그러나 자녀들이 많아서 화장실 하나 갖고 만족이 안 되었습니다. 그래서 또 열심히 벌어서 화장실 둘 있는 집을 샀습니다.

어느덧 나이는 60세가 넘고 70세가 되었습니다. 그분은 자신의 삶을 돌아보면서 "나는 한 평생 화장실 바꾸는 일을 하며 살았네" 씁쓸하게 이야기하셨답니다. 화장실 바꾸다가 세월 다 간 것입니다.

세상 것에는 만족이 없습니다. 아무리 채워도 밑 빠진 독입니다. 천하를 채워도 만족함이 없습니다.

말 타면 종 부리고 싶고, 앉으면 눕고 싶다는 옛말이 있습니다. 단칸방이라도 좋다던 사람이 막상 단칸방을 얻으면 창문 너머 보이는 30평 아파트가 아른거립니다. 욕심이라는 차에는 브레이크가 없는 것입니다.

지금 현대인들이 누리고 있는 것들은 굉장한 것들입니다. 수세식 화장실이나 샤워 시설은 지금으로부터 100여 년 전만 해도 유럽의 일부 왕후장상이 아니면 감히 상상할 수 없었던 것들입니다.

조선 시대에서 궁궐 안에서도 그런 시설들이 없었습니다. 우리는 지금 옛날 사람들이 누리지 못했던 호사를 누리고 사는 셈입니다. 밟기만 하면 붕붕 달리는 차나 버스를 옛날의 왕족들은 상상도 못했습니다.

자동으로 부채질을 해주는 선풍기 하며, 에어컨은 선조들이 볼 때는 꿈에서나 가능한 것입니다. 따뜻한 전기장판이나 히터 장치, 이전에 왕들도 못 누렸던 것들입니다. 수도만 틀면 나오는 물, 저 사막지대에 사는 분들한테는 상상도 못하는 것입니다.

지금 세계 곳곳에서 한 끼의 밥, 한 조각 빵이 없어서 죽어가는 수많은 사람들이 있습니다. 우리는 지금 전체 인류 인구의 겨우 몇 %만 누리고 있는 삶을 누리고 있는 것입니다.

우리는 너무 욕심 부릴 필요 없습니다. 지닌 것으로 만족하고 감사해야 합니다. 그래야 참 기쁨이 찾아옵니다.

디모데 전서 6장 7절, 8절에서도 "우리가 세상에 아무 것도 갖고 온 것이 없으매 또한 아무 것도 가지고 가지 못하리니 우리가 먹을 것과 입을 것이 있은즉 족한 줄로 알 것이니라"

히브리서 13장 5절에서도 말씀합니다. "있는 바를 족한 줄로 알라 그가 친히 말씀하시기를 내가 과연 너희를 버리지 아니하고 과연 너희를 떠나지 아니하리라 하셨느니라"

하나님께서 함께 하시며 때를 따라 공급하시니 욕심 부리지 말고 감사하며 살라는 말씀입니다.

자족하며 사는 법을 배우면 그 사람은 환경에 상관없이 감사하는 사람이 됩니다. 일용할 양식으로도 감사합니다.

자족할 줄 아는 사람은 환경에 좌우되는 인생이 아니라 환경을 지배하는 인생이 됩니다.

히딩크가 축구경기 전에 선수들에게 늘 하는 말이 있습니다. 아주 인상 깊은 말입니다 "경기를 지배하라" 는 것입니다.

상대편에 끌려 다니지 말고 경기를 주도하고 지배해야만 승리를 거둘 수 있다는 뜻입니다. 단순히 한 두골 넣는 것보다 더 중요한 것은 90분 내내 전체 경기를 지배하는 것이 더 중요하다는 것입니다.

내면적으로도 그렇습니다. 환경에 의해서 우리의 감정이 좌우되거나 환경 때문에 일희일비해서는 안 됩니다.

그렇게 되면 불편하고 힘든 환경에서는 절망하고 낙심합니다. 그러나 바울처럼 가장 열악한 환경에서도 거기에 좌우되지 않고 하나님을 향한 믿음으로 환경을 지배하면 어떤 상황에서 승리하는 것입니다.

우리 들은 믿음으로 우리의 모든 환경들을 압도해 버려야 합니다. 그렇지 않으면 환경에 좌우되어 염려하는 인생이 됩니다.

하나님의 은혜로 우리는 우리 자신을 지배해야 합니다. 삶의 경기를 거룩하게 지배해야 합니다.

12절에서 바울은 어떤 환경에서든지 감당하는 법을 배웠다고 고백합니다. 13절에서 "내게 능력 주시는 자 안에서 내가 모든 것을 할 수 있느니라" 고 하였습니다.

내게 능력주시는 주님께서 나에게 힘을 주심으로, 주님의 그 능력으로 모든 것을 할 수 있는 인생이 된다는 말씀입니다.

주님께서 우리에게 놀라운 권세를 주심으로 우리는 모든 것을 이깁니다. 어떤 환경보다 비교할 수 없이 훨씬 더 크신 하나님을 바라보며 나아갈 때에 하나님의 능력을 힘입게 됨으로 우리는 환경을 지배할 수 있습니다.

행복한 사람은 주님 안에서 자족하는 사람입니다. 자족하는 사람은 환경에 매이지 않고 환경을 다스릴 수 있습니다.

우리는 우리를 향한 하나님의 선하심, 그 십자가의 변함없으신 사랑, 그리고 우리를 하나님의 능력과 지혜의 크심을 기억해야 합니다.

우리를 사랑하시는 하나님, 우리와 함께 하시는 하나님은 위대하신 하나님이십니다. 전능하신 분이십니다. 전능하신 하나님은 우리의 모든 것을 공급해주시는 것입니다.

우리는 욕심을 다 내어버리고 하나님 안에서 만족할 줄 알아야 합니다. 주님은 영원토록 우리에게 은혜를 주십니다.

3장 나눔을 위한 질문

1. 당신은 어떤 일을 겪을 때 주로 긍정적인 관점으로 대하시는 편인가요?
   아니면 부정적으로 대하시는 편인가요?

2. 긍정적인 생각을 갖고 사건이나 일을 대할 때 어떤 유익이 있나요?

3. 우리가 현재와 미래에 대해 긍정적인 생각이나 관점을 지닐 수 있는
   성경적인 근거들은 무엇인가요?

4. 이제까지 살면서 나를 긍정적으로 격려해주고 지지해준 사람이 있다면
   누구인가요?

5. 건강한 긍정성을 지니려면 어떤 연습이 필요하다고 생각하시나요?
   어떻게 하면 좋은 긍정성을 지닐 수 있을까요?

* 유머퀴즈 : 도둑이 싫어하는 아이스크림은? 도둑이 싫어하는 과자는?

(정답: 누가바, 누네띠네)^^

4장 감사
Gratitude

13 / 어둡다는 불평보다 감사의 촛불을 켜라

"그리스도의 평강이 너희 마음을 주장하게 하라 너희는 평강을 위하여 한 몸으로 부르심을 받았나니 너희는 또한 감사하는 자가 되라 그리스도의 말씀이 너희 속에 풍성히 거하여 모든 지혜로 피차 가르치며 권면하고 시와 찬송과 신령한 노래를 부르며 감사하는 마음으로 하나님을 찬양하고 또 무엇을 하든지 말에나 일에나 다 주 예수의 이름으로 하고 그를 힘입어 하나님 아버지께 감사하라"(골 3:15-17)

브룩클린 교회를 담임했던 에반스 목사님에게는 이런 좌우명이 있었다고 합니다. "첫째, 나는 결코 불평의 말을 하지 않을 것이다. 둘째, 나는 집안의 분위기를 밝게 유지할 것이다. 셋째, 하나님은 내게 주신 은총들을 늘 헤아려 감사할 것이다"

감사하는 눈으로 살게 되면 우리가 사는 모든 일상의 일들이 다 기적이라는 것을 알게 됩니다.

식물인간이 된 들에게는 손가락 하나 움직이는 것은 가장 큰 기적입니다. 하루에도 수백만 가지의 기적이 일어나지만 이 모든 것이 하나님의 은총이요 기적이라는 것은 주로 감사하는 사람에게 발견됩니다.

세상에서 제일로 복된 사람이 있다면 감사하는 사람입니다. 온갖 은총과 축복이 감사하는 심령에게 주어지기 때문입니다.

하루는 어떤 왕이 음식을 먹는데 그날따라 음식 맛이 너무 좋은 것이었습니다. 그래서 궁중 요리사를 불렀습니다. "오늘 음식이 맛있으니 그대에게 상을 주겠노라"

그러자 요리사는 "아닙니다. 제 요리가 맛있는 이유는 좋은 재료 때문입니다. 좋은 재료를 공급해준 상인 덕입니다"

그래서 왕은 상인을 불렀습니다. "그대에게 상을 주겠노라" 그러자 상인은 손을 저으며 말했습니다. "저는 단지 유통만 했습니다. 이 재료를 정성들여 가꾼 농부 덕입니다"

그래서 왕은 이번에는 농부를 불렀습니다. "그대가 이렇게 좋은 곡식과 채소를 가꾸어 내가 맛있는 음식을 먹게 했으니 상을 주겠노라" 그러자 농부는 "저는 다만 씨를 뿌리고 가꾸었을 뿐입니다. 좋은 열매를 주신 분은 하나님이십니다. 그러니 하나님께 감사하셔야 합니다"

결국 그 왕은 하나님께 감사를 드렸고 그 농부와 상인과 요리사에게 후한 상을 베풀었다는 이야기가 있습니다♥

실제로 우리의 모든 감사를 받으셔야 할 분은 하나님이십니다. 하나님은 우리에게 영원한 생명을 주셨으며 만 가지 은혜를 베푸셨습니다.

하나님은 우리가 무엇보다도 감사하는 사람이 되기를 원하십니다. 거기에 참된 기쁨과 만족, 참된 평안과 행복이 있기 때문입니다.

어떤 제품을 사면 그 안에 사용 설명서인 매뉴얼이 있습니다. 그래서 그 설명서대로 사용하면 그 제품을 잘 쓸 수 있습니다.

마찬가지입니다. 우리가 주어진 인생을 복되게 살려면 인생사용 설명서를 보아야 합니다. 그것이 바로 성경입니다.

하나님은 인간을 창조하셨고 인간이 행복하게 살 수 있는 길을 성경을 통해 말씀하셨습니다. 그것은 감사하며 사는 것입니다.

골로새서 4장 2절에서도 "기도를 계속하고 기도에 감사함으로 깨어 있으라"고 하셨습니다.

하나님께서 우리를 지으실 때 우리가 행복하고 만족한 삶을 살도록 하시기 위해 감사라는 영적 윤활유를 주셨습니다.

그래서 감사와 행복은 정비례합니다. 우리 마음과 삶에 감사가 많아지면 행복도 많아지고 감사로 가득하면 행복도 가득합니다.

골로새서 3장 15절에서도 "그리스도의 평강이 너희 마음을 주장하게 하라"고 되어 있습니다.

그렇다면 어떻게 해야 참된 평강이 우리 마음에 가득할 수 있는가? 그것은 우리가 감사하면서 살 때 그렇게 되는 것입니다.

데모크리토스는 이렇게 말했습니다. "행복과 불행은 환경이나 다른 사람에 달려 있지 않고 우리 마음에 달려있다"

그러기에 우리 마음에 평강이 가득하려면 감사하는 자가 되어야 합니다. 무엇을 하든지 말에나 일에나 감사가 있어야 합니다.

먼저는 하나님께 감사하고 이웃에게도 감사하면 평강이 가득해집니다. 감사로 살면 우리 자신이 행복하고 주변도 다 행복해집니다.

사랑은 상대방에게 감사하는 것입니다. 불평이 언제나 부정적인 파장을 일으킨다면 반대로 감사는 언제나 긍정적인 파장을 일으킵니다.

며느리가 시어머니에게 감사하면 시어머니는 날아갈 듯 기뻐하십니다. 시어머니가 며느리에게 감사하면 며느리는 살맛이 납니다.

아내가 남편에게, 남편이 아내에게 감사함으로 대하면 부부지간에도 행복과 기쁨이 가득하게 됩니다. 모든 인간관계가 다 그렇습니다.

"상사의 짜증은 1등 조직도 망하게 한다" 라는 말이 있습니다. 직장에서도 상사가 직원들한테 감사하지 않고 자꾸 짜증내고 화내고 그러면 그 직장은 잘 될 수가 없다고 합니다.

상사가 짜증을 부리면 직원들이 스트레스를 받게 되고 아드레날린과 코르티솔이라는 호르몬이 나와서 직원들의 창의력이 결정적으로 저해됩니다. 창의적 업무 능력은 크게 저하가 되는 것입니다.

칭찬은 고래도 춤추게 한다고 하지 않습니까? 직장에서도 직원들에 대해 감사하면서 칭찬과 격려를 하면 풍성한 결실을 거둡니다.

일본의 미라이 공업이라는 유명한 회사가 있습니다. 이 회사는 전기 설비 관련 제조업 회사인데 그 계통에서는 일본 내 1위입니다.

그런데 아키오라고 그 회사 사장의 경영 방식이 아주 독특합니다. 그는 직원들에게 극진히 잘 대해주는 경영 방식을 채택하고 있습니다.

그 회사는 감원이라고는 없습니다. 본인이 사직하지 않는 이상 불황 때라도 함께 고통 분담을 합니다. 정년도 71세까지입니다.

그리고 직원들의 연간 휴일이 140일이고 아기를 낳고 회사를 나오지 않아도 계속 월급을 줍니다. 5년마다 직원 무료 해외여행을 보내줍니다. 입사 동기들 간에 간부를 뽑아야할 상황에서는 사기를 떨어뜨리지 않게 하기 위해 선풍기로 명단을 날려서 멀리 날아간 명단의 사람을 뽑은 적도 있었습니다. 하여간 직원들을 배려하는데 최선을 다합니다.

그랬더니 그곳에 인재들이 몰려들게 되었습니다. 일본 경제의 불황이 심한데 그 회사만큼은 창업한지 43년째 흑자를 내고 있습니다.

상식적으로 '효율' 과는 거리가 멀 것 같은 회사인데 어떻게 해당분야에서 최고 기업이 되었는가? 그것은 감사 경영, 칭찬 경영 때문입니다.

그 아키오 회장은 직원들에 대해 늘 감사하는 표현을 합니다. 자신은 미니 승합차를 타고 다니면서 회사 내 불필요한 비용들은 아껴서 그 아낀 돈으로 직원들의 사기를 진작시켜줍니다. 그러니 직원들이 감동을 받아서 그 회사를 위해서 평생 충성하는 것입니다.

사람들은 그에게 묻습니다. 직원들에게 늘 잘해주기만 하면 게을러지지 않느냐? 그러나 그가 43년 동안 경험한 것은 해보라는 것입니다. 그와는 정반대의 결과를 거둔다고 하는 것입니다.

이처럼 어느 곳이든 감사가 넘치는 곳에는 좋은 결실들이 많이 생깁니다. 그것이 하나님께서 정하신 축복의 원리입니다.

가정에서도 가족들을 향해 내가 먼저 감사하는 말을 하면 평안과 행복이 가정 안에 꽃피게 됩니다. 교회나 직장에서도, 서로 서로에게 감사함으로 대하면 기쁨과 은혜가 넘치는 것입니다.

감사는 소금과 같습니다. 방금 삶아낸 따끈따끈한 감자는 호호 불면서 먹으면 좋습니다. 그런데 그 감자도 소금을 약간 찍어야 맛있습니다. 감사는 소금과 같아서 감사해야 행복의 맛이 생깁니다.

물리학이론 중에 동조 이론이 있는 것처럼 사회심리학 이론 중에도 심리적 동조 이론이 있습니다. 하나의 현상이 다른 현상과 만날 때 작은 파장은 큰 파장을 따르게 되는 것처럼 심리적인 면도 마찬가지입니다.

감사는 강력한 파장입니다. 감사는 주변에 전파됩니다. 그리고 그 감사와 함께 하나님의 은총과 행복도 전달됩니다.

감사는 능력입니다. 감사는 슬픔을 기쁨으로 변화시킵니다. 부정적인 삶을 긍정적인 삶으로, 절망과 낙심을 소망과 평안으로 바꿉니다. 감사는 어둠을 빛으로 바꾸는 능력이요 인생을 회복시키는 능력도 됩니다.

리더스 다이제스트라는 기독 잡지에 실린 글입니다. 로빈슨이라는 트레일러 기사가 있었습니다. 그는 교통사고의 충격으로 두 눈을 실명하였습니다. 그렇지만 그는 매일 잔디밭에 앉아서 감사하기로 결심했습니다. 목숨을 건져주신 것에 대해 하나님께 감사했고 감사할 수 있음에 또 감사했습니다. 40일 이상 계속해서 감사했습니다. 결국 사물이 보이고 눈이 회복되는 놀라운 기적이 일어나게 되었습니다.

탈무드에 보면 유대 랍비인 아키바의 이야기가 나옵니다. 그는 먼 길을 여행하였기 위해 등불과 시간을 알려주는 수탉과 성경을 갖고 나귀를 타고 떠났습니다.

여행 도중 날이 서물어 어떤 마을에 들어가 잠을 청하자 다들 거절하였습니다. 언제나 감사를 실천했던 그는 속으로 이렇게 생각하며 감사를 드렸습니다. "모든 것을 좋게 하시는 하나님께서 더 유익하게 하실 줄 믿습니다. 감사합니다"

그는 결국 마을에서 좀 떨어진 곳에 천막을 치고 잠을 청했습니다. 그러나 그는 길에서 노숙하려고 하니 잠이 오질 않아서 성경을 읽으려고 등불을 켰습니다. 그런데 그만 바람이 불어 등불이 꺼지고 말았습니다. 그는 이번에도 "하나님은 더 유익하게 하실 거야. 하나님! 감사합니다" 그렇게 감사를 드렸습니다.

 이제 잠을 청하며 누우려 하자 이번에는 사나운 짐승의 소리에 나귀가 놀라 그만 멀리 도망쳐 버렸습니다. 그리고 수탉도 놀라 멀리 날아가 버렸습니다. 그에게 남은 것은 성경 하나 밖에 없었습니다.

 이쯤 되면 불평이 나올 법도 한데 그는 이번에도 "하나님은 분명 더 유익하게 하실 거야." 그러면서 또 다시 감사했습니다.

 다음 날 아침 날이 밝아, 그는 짐을 챙겨 마을로 들어갔습니다. 그런데 놀라운 것을 알게 되었습니다. 전날 밤에 도적 떼가 습격을 해서 마을 전체가 쑥대밭이 되었던 것입니다.

 만일 그가 그 마을의 집에 머물렀다면, 그리고 이후에도 등잔이 켜져 있었다면, 그리고 그 이후에도 나귀와 수탉이 곁에 있어서 울부짖었다면 그도 역시 큰일 날 뻔 했는데 그는 화를 피할 수 있었던 것입니다.

어떤 일을 만나도 거기에 하나님의 선하신 뜻이 있다는 것을 기억하며 하나님께 감사하는 것이 중요합니다. 그럴 때에 합력해서 선이 되게 하시는 하나님의 은혜를 체험하게 됩니다.

 우리는 내가 현재 겪는 일이 어떤 의미가 있는지 모를 때가 많습니다. 그러나 훗날 시간이 지나면 왜 그 때 그 일이 하나님 안에서 필요했는지를 깨닫게 됩니다. 현재는 그 뜻을 모르는데 하나님께서 왜 그것을 나에게 허락해주셨는지 훗날 돌아보며 감사하게 됩니다.

범사에 하나님께 감사하는 사람은 요셉처럼 승리자가 됩니다. 감사하는 사람은 좌절하지 않고 더 좋은 은총을 얻게 됩니다.

그렇게 범사에 감사하려면 하나님의 말씀을 가까이 해야 합니다. 골로새서 3장 16절에도 "그리스도의 말씀이 너희 속에 풍성히 거하여" 라고 되어 있습니다. 감사하는 사람이 되려면 하나님의 말씀을 묵상하면서 우리를 향한 그 은혜와 사랑을 생각하고 기억할 수 있어야 합니다.

감사에 해당되는 영어 단어 'Thank' 는 생각이라는 단어 'Think' 로부터 나왔습니다. 성경을 마음으로 가까이 하면 하나님의 사랑을 생각하게 되고 감사하는 마음과 평강이 가득한 마음과 삶이 됩니다.

주님은 우리에게 말로 다할 수 없는 큰 은혜와 사랑을 베푸셨습니다. 십자가의 죽으심으로 우리를 건져주셨습니다. 지금도 그 사랑으로 우리와 함께 하십니다. 그러기에 우리는 주님 안에서 감사할 수 있어야 합니다.

14 / 작은 것에 감사할 때 행복이 찾아온다

"제자 중 하나 곧 시몬 베드로의 형제 안드레가 예수께 여짜오되 여기 한 아이가 있어 보리떡 다섯 개와 물고기 두 마리를 가지고 있나이다 그러나 그것이 이 많은 사람에게 얼마나 되겠사옵나이까 예수께서 이르시되 이 사람들로 앉게 하라 하시니 그 곳에 잔디가 많은지라 사람들이 앉으니 수가 오천 명쯤 되더라 예수께서 떡을 가져 축사하신 후에 앉아 있는 자들에게 나눠 주시고 물고기도 그렇게 그들의 원대로 주시니라

그들이 배부른 후에 예수께서 제자들에게 이르시되 남은 조각을 거두고 버리는 것이 없게 하라 하시므로 이에 거두니 보리떡 다섯 개로 먹고 남은 조각이 열두 바구니에 찼더라" (요 6:8-13)

사람들은 인생을 천근만근이라고들 말합니다. 그러니까 인생의 무게는 천근만근 합쳐서 도합 '만천근' 입니다♥

그렇다면 친절하게 살아가는 사람의 마음은 몇 근일까요? 답은 열 근입니다. 왜냐하면 그러한 사람의 마음은 따끈따끈하기 때문입니다. 즉 닷근+닷근.. 합쳐보면 열근이 됩니다. ^ ^

작은 일에 감사하고 일상 속에서 사랑과 친절을 나누는 삶이 참된 행복의 시작이 됩니다.

예수님은 이 땅에서 많은 어려움과 고난을 겪으셨습니다. 그럼에도 예수님은 행복해 하셨습니다.

윤동주 시인의 십자가라는 시에 보면 "행복했던 사나이 예수그리스도!" 라는 표현이 나옵니다. 예수님은 고난 속에서도 참된 행복인 팔복에 대해서 말씀하셨고 사람들에게 참 사랑의 행복을 전하셨습니다. 이 요한복음 6장에서도 사랑의 행복을 나누시는 예수님의 모습이 나옵니다.

이 6장에는 광야 빈들이 나옵니다. 예수님은 당시 아무 것도 없는 광야 들판으로 가셨습니다. 그런데 예수님께서 빈들로 가셨다는 소문을 듣고 5천명이 넘는 사람들이 예수님을 따라왔습니다. 예수님은 그들을 먹이시길 원하셨습니다. 하지만 빈들이라 먹을 것이 없었습니다.

그 때 9절을 보면 어떤 아이가 보리떡 다섯 개와 물고기 두 마리를 갖고 왔습니다. 제자 안드레는 "이 많은 사람들에게 이것이 얼마나 되겠사옵나이까?" 라고 하면서 그것을 주님께 드렸습니다.

안드레는 다소 실망한 어투로, 별 것 안 된다는 어투로 예수님께 이런 식으로 말씀드렸던 것입니다. "이것 갖고 누구 코에 붙이겠습니까?"

유대인들이 식사 때 먹던 물고기는 멸치보다 조금 큰 작은 물고기였습니다. 그런 것 두 마리와 보리 떡 요만한 것 다섯 개였으니 5천명 이상이 모인 그 상황에서는 정말 보잘 것 없었습니다.

그러나 예수님은 그 오병이어를 갖고 어떻게 하셨나요? 11절을 보면 "예수께서 축사하신 후에" 라고 되어 있습니다.

축사는 감사의 기도를 뜻합니다. 주님은 하늘을 우러러 감사의 기도를 성부 하나님께 드렸던 것입니다.

주님은 오병이어를 보잘 것 없다고, 가치 없다고 하시지 않으셨습니다. 전능하신 하나님 앞에서 무엇인들 크겠습니까?

사람이 볼 때 굉장한 것도 하늘의 하늘을 만드신 하나님 보실 때는 아무 것도 아닙니다. 우주의 우주도 하나님 앞에서는 띠 끌 같습니다.

하나님의 눈에는 63빌딩이나 단층집이나 그게 그겁니다. 인간의 화려함이 화려하면 얼마나 화려하겠습니까? 하나님 보실 때는 솔로몬 왕의 그 화려한 옷도 이 꽃만 못하다고 하셨습니다.

그러니까 인간의 눈에만 큰 차이일 뿐 만왕의 왕이신 주님께는 오병이어나 10,000명이 먹을 수 있는 음식의 양이나 그게 그것입니다.

주님은 오병이어를 적다하지 않으셨습니다. 오히려 하늘을 우러러 크게 감사하시며 축복의 기도를 드리셨습니다.

우리는 무엇이든 갖고 있는 것을 작다고 생각하며 불평하지 말아야 합니다. 왜 나의 재능은 이것 밖에 안 될까? 나는 왜 이렇게 부족할까? 부정적으로 생각하며 낙심하지 말아야 합니다.

부족해 보여도 감사하는 큰 믿음이 있어야 합니다. "작다고 불평 말고 그것 갖고 크게 감사하자!" 우리 생활의 표어가 되어야 합니다.

하나님을 떠난 대단함은 더 이상 대단한 것이 아닙니다. 반면에 보잘 것 없는 것처럼 보여도 하나님 손에 들려진 것은 굉장한 것입니다.

작다고 작은 것이 아닙니다. 하나님께서 그것을 사용하시면 그것이 무엇이든 가장 가치 있고 위대한 것이 됩니다.

장밋빛 인생으로 유명한 상송 가수 에디트 피아프라고 있습니다. 그가 살아생전에 썼던 짧은 글의 편지가 있었는데 그것이 아주 비싼 가격에 경매가 되었습니다. 피카소의 '파이프를 든 소년'이라는 그림은 약 1218억 원에 팔렸습니다.

평범한 화폭, 똑같은 붓과 물감을 갖고 그린 것인데 피카소가 그리니까 천문학적인 가치가 된 것입니다.

하물며 하나님께서 사용하시는 것이라면 비교할 수 없습니다. 작다고 작은 것이 아닙니다. 하나님께서 귀히 쓰시는 사람들, 귀히 쓰시는 것들은 값으로 매길 수 없을 정도로 하나님 안에서 큰 가치가 있습니다.

성경을 보면 원래는 부족한 존재인데 하나님께서 친히 붙드심으로 복되고도 아름답게 된 인생들이 나옵니다. 아브라함, 이삭, 야곱, 요셉, 다윗이 그러했고 어부출신인 주님의 제자들이 그러했습니다.

어린아이의 오병이어 역시 예수님을 통해 감사함으로 하나님께 올려 졌을 때에 놀라운 축복의 방편이 되었습니다.

하나님은 항상 작은 것으로 큰 것을 거두시는 방식을 좋아하십니다. 겨자씨는 작지만 심겨졌을 때 새들이 깃드는 풍성한 나무가 됩니다.

보통 감자 한쪽을 땅에 심으면 60개를 거둔다고 합니다. 벼 하나를 심으면 140에서 170알을 거둡니다. 하나님의 섭리는 그와 같습니다.

내가 갖고 있는 것이 작을지라도 감사하면서 하나님 손에 맡길 때에 풍성한 결실들이 있게 됩니다.

그러기에 우리는 작은 것들에 대해 감사해야 합니다. 행복한 사람의 특징은 작은 것에 감사하며 사는 사람들입니다.

엘리자베스 노벨이란 분이 쓴 '조금' 이라는 글도 있습니다. "설탕을 조금 써도 음식의 맛을 낼 수 있습니다. 비누를 조금 써도 몸을 깨끗하게 만들 수 있습니다. 햇볕이 조금 비춰도 새싹이 힘차게 자라날 수 있습니다. 연필이 조금 남아도 아름다운 글 한편을 쓸 수 있습니다. 양초가 조금 남아도 주위에 환한 빛을 밝힐 수 있습니다"

하나님은 우리가 작고 소박한 것의 가치가 아주 크다는 것을 알고 감사하면서 사는 인생이 되기를 원하십니다. 작고 소박한 것에 감사와 기쁨을 느낄 줄 알 때 천국의 행복을 누리게 됩니다.

우리가 누리고 있는 생명과 건강, 결코 작은 것이 아닙니다. 어떤 사람이 자기 집 앞마당에 구덩이를 아주 열심히, 열심히 팠습니다. 과연 뭐가 나왔을까요? 보물이 나왔을까요? 정답은 땀이 나왔습니다♥

땀이 나오는 것이 보물을 발견하는 것보다 더 중요합니다. 땀이 안 나오면 사람이 어떻게 될까요? 땀은 우선은 체내의 온도 조절을 합니다. 그리고 몸에 쌓인 노폐물을 내보내는 역할을 합니다.

사람이 땀이 안 나오면 체온 조절이 안 되어서 몸이 만신창이가 되고 큰병에 걸려 죽습니다. 그러니까 열심히 땅 팔 때 땀이 나오는 것은 알고 보면 제일 큰 축복입니다.

하나님은 우리 피부 체내에 200만 개 이상의 땀 선을 만들어주셨습니다. 연결해보면 무려 13Km나 됩니다. 그것을 우리 몸에 다 깔아놓으셔서 잘 살아가도록 해주신 것입니다. 이외에도 우리가 깨닫지 못해서 그렇지 하나님께서 허락해주신 놀라운 은총들이 너무 많습니다. 우리가 사는 모든 순간들은 다 기적의 연속입니다.

카네기의 책에 보면 이런 실화도 있습니다. 해럴드 에보트라는 사람이 있는데 사업에 실패해 재산을 다 날렸고 빚까지 크게 졌습니다.

그는 낙심해서 거리를 걷고 있는데 맞은편에 다리가 없는 어떤 사람이 다가오는 것을 보았습니다. 롤러스케이트용 바퀴를 달은 작은 나무판자 위에 앉아서 양 손에 쥔 나무토막으로 땅을 찍어가며 오고 있었습니다.

에보트가 그의 모습을 바라보게 되었을 때 서로 눈이 마주쳤습니다. 그 때 그는 에보트를 향해 환한 얼굴로 웃으면서 밝고 쾌활한 목소리로 인사했습니다. "안녕하세요? 참 좋은 날입니다. 참 기쁜 날입니다"

에보트는 그를 보면서 자신이 부끄러워졌습니다. 그는 이렇게 고백을 했다고 합니다. "내게는 두 발이 있으며 불편함이 없지 않은! 이 분도 이렇

게 참 기쁨을 누리는데 나 역시 마땅히 그래야 하지 않겠는가?!'

 그리하여 그는 큰 용기와 감사함으로 인생을 새롭게 살기로 결심했습니다. 그리고 다음과 같은 글을 집에다 붙여놓고 매일 아침 세수할 때마다 그것을 큰소리로 읽었습니다.

 "내가 신발이 없음을 한탄할 때 나는 발이 없이도 행복한 분을 만났다"
결국 그는 하나님 안에서 재기하여 성공적인 생애가 되었습니다.

 우리는 지금 하나님께서 주신 축복의 순간들을 매 순간마다 보내고 있습니다. 오늘 하루가, 하나님 안에 있는 지금의 순간들이 너무나 큰 축복이며 가장 소중한 순간임을 고백하며 하나님께 감사해야 합니다.

 태양과 떠다니는 구름과 아름다운 자연을 접하면서도 감사해야 합니다. 산을 오르고 길을 거닐 때에도 감사하고 매 번의 식사에도 깊이 감사하며 따뜻한 방에서 잠을 잘 수 있음에, 일상의 생활이 있음에, 사랑하는 가족과 지체들이 있음에 감사해야 합니다. 무엇보다 우리를 영원히 사랑하시고 영원한 구원과 행복이 되어주신 하나님과 함께 살아가게 되었다는 것에 지극히 감사해야 하는 것입니다.

 혹 우리의 매 순간의 일상이 오병이어처럼 작게 보일 수 있습니다. 그러나 매 순간을 하나님 앞에 감사하며 살 때에 그 모든 순간들이 합쳐져 하나님의 풍성한 은총이 영원히 가득해집니다.

 오병이어 앞에서 하늘을 우러러 크게 감사하셨던 예수님처럼 우리도 작은 일에 늘 감사하면서 살기를 소망합니다. 그러면 하나님은 우리 생애를 통해 영원히 빛나는 하나님의 영광을 나타내실 것입니다.

한편 11절을 보면 주님께서 감사하시면서 오병이어들을 사람들에게 나누어 주셨습니다. 예수님은 항상 나눔이라는 열쇠로 축복과 기적을 만드십니다. 오병이어는 작은 것이지만 주님의 손을 거쳐 나누게 되었을 때에 많은 사람들을 먹이는 축복의 오병이어가 되었습니다.

오병이어가 사람들 손에 있을 때에는 아무 일도 일어나지 않았습니다. 오병이어는 혼자 먹기에도 부족했습니다.

그러나 주님의 손에 들려져 나누어졌을 때에 다 먹고도 남는 풍성한 일들이 생겼습니다.

행복은 소유에 있지 않고 얼마나 나누며 사는가에 달려 있습니다. 주님은 친히 우리의 생명의 떡이 되어주셨습니다.

그리고 제자들을 향해서 이 떡은 너희를 위한 나의 몸이니 서로 나누라고 하셨습니다. 우리의 것들을 나누며 복음을 전할 때에 사람들은 참 사랑을 알게 됩니다. 그들도 주님 사랑 안에 영원히 거하게 되는 것입니다.

잠언 22장 9절에서는 "선한 눈을 가진 자는 복을 받으리니 이는 양식을 가난한 자에게 줌이니라"

잠언 28장 27절에서도 "가난한 자를 구제하는 자는 궁핍하지 아니한다" 라고 하셨고 시편 112편 5절에서는 "은혜를 베풀며 나누는 자는 잘 된다" 고 하셨습니다.

J.C. 페니라는 사람은 58세에 모든 것이 파산했지만 신앙으로 극복한 것으로 잘 알려져 있습니다. 그는 모든 역경을 극복하고 다시 재기하여 전 세계에 체인점을 2천 개를 세우는 백화점 왕이 되었습니다.

그가 역경을 딛고 새 출발을 할 때에 "너희가 대접을 받고자 하는 대로 남을 대접하라" 라는 주님의 말씀을 자신의 생활 표어로 정했습니다.

이후 서서히 사업이 일어서면서 그는 사회사업에 많은 돈을 기부했습니다. 은퇴 선교사님들을 위해 플로리다에 백 가구의 주택을 짓기도 했습니다. 그는 만년에 이런 고백을 하였습니다.

전에는 내가 피땀 흘려 번 돈이니 마음대로 할 권리가 있다는 생각이 있었습니다. 그러나 신앙을 가진 다음부터는 주는 기쁨, 나누는 행복이 움켜쥐고 있는 기쁨보다 훨씬 큰 것을 알게 되었습니다"

어떻게 하면 좋은 것들을 사람들에게 나누어 주며 주님의 사랑을 잘 전할 수 있을 것인지 거룩하게 고민했던 그의 성경적 인생관이 그를 살리게 된 것입니다.

요즘 우리 사회에는 부의 양극화 현상으로 많은 사람들이 고통 중에 있습니다. 이러한 때에 한국 교회는 고통 하는 이웃을 향해 나누는 삶을 더욱더 실천해야 합니다.

이 힘든 시대, 우리도 어렵지만 우리는 더 힘들어하는 주변과 이웃을 향해 우리 개인과 가정과 교회는 주님 닮은 나눔을 꼭 감당해야 합니다.

참 행복은 멀리 있지 않습니다. 오병이어 앞에 감사하셨던 주님처럼 우리도 작은 것에 감사할 때 행복은 임합니다.

 작은 일에 감사하며 우리가 가진 것들을 적극적으로 고통 하는 이웃을 향해 사랑의 삶을 나누며 살기를 소망합니다.

15 / 감사는 축복을 부르는 호출신호다

"나라의 모든 총리와 지사와 총독과 법관과 관원이 의논하고 왕에게 한 법률을 세우며 한 금령을 정하실 것을 구하나이다 왕이여 그것은 곧 이제부터 삼십일 동안에 누구든지 왕 외의 어떤 신에게나 사람에게 무엇을 구하면 사자 굴에 던져 넣기로 한 것이니이다 그런즉 왕이여 원하건대 금령을 세우시고 그 조서에 왕의 도장을 찍어 메대와 바사의 고치지 아니하는 규례를 따라 그것을 다시 고치지 못하게 하옵소서 하매 이에 다리오 왕이 조서에 왕의 도장을 찍어 금령을 내니라 다니엘이 이 조서에 왕의 도장이 찍힌 것을 알고도 자기 집에 돌아가서는 윗방에 올라가 예루살렘으로 향한 창문을 열고 전에 하던 대로 하루 세 번씩 무릎을 꿇고 기도하며 그의 하나님께 감사하였더라" (단 6:7-10)

필리핀에서 최고로 돈을 잘 쓰는 사람의 이름은? 막 사라사라입니다. 반대로 일본 최고의 구두쇠 이름은? 도나까와 쓰지마와 또 한 사람 겐자히 아끼네입니다.

마지막으로 예수님이 무지무지 사랑하는 사람은 누구일까요? '바로 당신!' 입니다. 주님 사랑 안에서 감사와 기쁨으로 살아가세요♥

다니엘서 6장에는 그 유명한 다니엘이 나옵니다. 사람들은 일반적으로 다니엘을 일컬어 무적(無敵)의 사람이라고 말합니다.

어떻게 해서 그가 무적의 사람이 될 수 있었던 것일까요?

6장 1, 2절을 보면 당시에 페르시아 왕은 다리오였습니다. 다리오 왕은 넓은 제국을 다스리기 위하여 총리 세 명을 두었는데 그 중에 한 명이 다니엘이었습니다.

3절을 보면 다니엘은 사람들보다 뛰어남으로 왕이 그를 세워 전국을 다스리게 했다고 되어 있습니다.

그러다보니 당시에 다니엘을 시기하던 정적(政敵)들이 있었습니다. 그들은 다니엘을 제거하기 위하여 여러 가지 뒷조사를 하였습니다. 결국 그들은 다른 것으로는 안 되니까 다니엘의 종교 문제를 걸고 넘어졌습니다.

충신이 아니라 간신들이 키우는 양은 뭘까요? 아양입니다. ^ ^

당시 다니엘의 정적들은 다리오 왕에게 아양을 떨면서 왕을 신성시한다는 미명 아래 이상한 법을 만들었습니다.

삼십일 동안 그 어떤 사람도 왕 외에는 다른 신에게 무엇을 구하면 사형에 처하는 법을 상정했던 것입니다. 정적들은 다니엘을 죽이려고 그런 식으로 함정을 파 놓았던 것입니다.

다니엘의 정적들이 만든 이 법령에 왕은 아무 것도 모르고 그냥 도장을 찍었던 것입니다. 이제 공은 다니엘에게로 넘어갑니다.

다니엘은 그 상황에서 어떻게 했을까요? 10절을 보면 당시 다니엘이 왕이 도장을 찍어서 그 법령이 시행된다는 것을 알고 있었습니다.

중요한 것은 다니엘이 알고 있었다는 사실입니다. 법을 어기면 관직이 삭탈되고, 죽게 된다는 것도 알았습니다. 그런데도 그는 이전 방식대로 창문을 열고 기도하며 감사했던 것입니다.

역사적으로 볼 때 극한 어려움 속에서 하나님께 감사했던 분들이 있어 왔습니다.

우리는 손양원 목사님에 대해 알고 있습니다. 그분은 평생 여수 애양원에서 문둥병 환자들을 위해 목회하며 사셨습니다.

그런데 여수반란 사건 때인 1948년, 손양원 목사님은 두 아들을 동시에 잃고 말았습니다. 공산주의자가 그들을 총으로 쏜 것입니다. 그 비보를 접해 들고는 목사님은 애통해 하시며 이렇게 감사하셨습니다.

"하나님! 이 3남 3녀 중에 가장 늠름한 장남과 차남을 순교의 제물로 하나님께 드리게 되니 감사합니다. 한 아들 순교하기도 어려운데, 두 아들이 순교하게 되었으니 감사합니다. 예수님을 믿다가 죽는 것이 가장 큰 복인데, 그것도 복음 전하다가 순교하는 영광을 얻게 하시니 감사합니다.

저들이 미국 유학을 준비하고 있었는데 미국보다 더 좋은 천국에 가게 되었으니 감사합니다. 그리고 두 아들을 총살시킨 그 청년을 제 아들로 삼을 수 있는 마음 주시니 감사합니다. 저의 아들들의 순교 열매로 무수한 하나님의 자녀들이 속출하게 될 것을 생각하며 감사합니다"

손양원 목사님의 그러한 감사로 인하여 당시 많은 사람들이 예수님을 믿게 되었습니다. 실제로 두 아들을 죽인 그 청년을 훗날 양자로 삼으셨고 예수님을 믿게 하였습니다.

그래서 손양원 목사님의 일생을 기록한 책 제목이 사랑의 원자탄입니다. 참으로 불굴의 사랑과 감사의 삶을 감당하셨던 것입니다.

그렇게 힘든 가운데에서도 감사하셨던 분들이 계신데, 우리가 감사하며 살지 못할 이유가 없습니다.

주님은 왜 우리에게 늘 범사에 감사하라고 하셨을까요? 알고 보면 다 우리의 행복을 위해서입니다.

왕의 부인을 왕비라고 합니다. 왕의 부인에게는 꼭 '비' 자가 붙습니다. 그렇다면 날씬한 왕비는 뭐라고 할까요? 답은 갈비입니다. 변덕이 죽 꾹 끓 듯 하는 왕비는? 냄비입니다. 자꾸 분란을 일으키는 왕비는? 시비입니다. 왕의 안위를 걱정하고 지켜주는 왕비는? 경비입니다.

그러면 길을 잘 찾는 왕비는? 답은 네비(네비게이션)입니다. 감사는 우리를 참된 행복으로 안내하는 길잡이와 같습니다♥

감사와 행복은 주님 안에서 항상 직결됩니다. 감사가 참된 행복을 낳습니다. 감사가 있어야 그 삶이 행복합니다.

경건의 사람 윌리엄 로우(William Law)는 "만족과 행복을 가장 빨리 찾고 회복하는 비결은 감사하는 것이다" 라고 하였습니다.

요즘 교육학이나 상담학, 혹은 사회복지학에서도 마음의 탄력성, 즉 레질리언시(resiliency)에 대한 이야기들을 많이 합니다.

마음의 탄력성이란 사람이 마음의 상처를 받거나 어려움이 겪을 때 빨리 회복되고 복귀되는 것을 탄력성이라고 합니다.

마치 탄력성이 좋은 고무줄은 길게 늘어뜨려도 놓으면 금방 원래의 상태로 돌아갑니다. 우리 마음도 건강하고 탄력성이 있으면 잘 회복됩니다.

이 마음의 탄력성이 좋은 아동이나 사람이 사회적으로 잘 적응합니다. 어려움이나 부정적인 환경이 닥쳐와도 모든 것을 잘 극복해 나갑니다. 그래서 요즘 교육학이나 상담학에서는 사람들로 하여금 마음의 탄력성을 길러주고 잘 갖추도록 해주는 것에 관심이 많습니다.

그렇다면 어떻게 해야 마음의 탄력성이 좋아지는 것일까요?

하나님의 사랑을 알게 될 때, 말씀과 기도를 통해서 하나님의 은혜를 체험할 때에 그 마음의 복원력이 생깁니다. 사랑의 하나님을 바라보면 새 힘이 생깁니다. 마음이 금방 복원됩니다. 영적인 강건함이 생깁니다.

삶을 긍정적으로 대하는 사람, 고난이나 역경까지도 긍정적인 마음으로 대하는 사람들의 탄력성, 복원능력이 매우 좋게 되는 것입니다.

그런 의미에서 늘 감사하는 사람들의 마음이 제일로 건강합니다. 부정적인 마음, 어두운 마음, 불행한 마음이었다가도 하나님 앞에 감사하게 되면 긍정적인 마음으로 싹 바뀝니다. 어두운 마음, 불행한 마음이 물러가고 하나님 안에서 행복한 마음이 찾아오게 됩니다.

감사하면 마음의 회복이 금방 이뤄집니다. 마음 뿐 아니라 육신의 회복도 빠릅니다. 감사하면 면역성도 최고조가 됩니다.

어떤 사람은 밥을 보면서 먹지 못할 것을 먹는 것처럼 짜증을 냅니다. 하지만 똑같은 밥을 가지고도 어떤 사람은 너무 감사하여 밥그릇을 두 손으로 감싸 안고 감사의 기도를 드립니다.

의학자들은 실제로 감사하는 마음으로 밥을 먹는 사람에게는 세 가지 좋은 호르몬이 몸 안에서 생긴다고 합니다.

첫째는 질병을 예방해 주고 면역 기능을 향상시켜주는 신비한 백신이 분비됩니다. 둘째는 항독소(抗毒素)라는 물질인데 각종 질병과 몸 안의 독소와 병균의 침입을 막아주는 호르몬이 나옵니다. 셋째 분비물은 안티셉틴이라는 것인데, 이것은 위장 내에 있는 음식물이 부패하는 것을 막아주어 소화가 잘 되게 합니다.

고급 음식이 근본적으로 우리 몸을 이롭게 하는 것이 아닙니다. 감사함으로 먹을 때 평범한 밥과 찬들이 우리에게 보약이 되는 것입니다.

감사야말로 행복과 축복의 열쇠입니다. 천국의 열쇠는 감사입니다. 감사는 평범한 식탁을 생명의 잔칫상으로 변화시킵니다.

어떤 일본의 한 학자가 물을 향해 베토벤의 평화로운 교향곡인 전원 교향곡을 물에다가 들려주었다고 합니다. 그랬더니 물의 결정체가 아주 맑고 아름답게 정돈된 형태를 보였습니다.

반대로 물을 향해 이 못 된 놈, 나쁜 놈 하면서 분노와 반항의 언어로 가득 찬 소리를 들려주었더니 막 깨진 형태를 띠었다고 한다.

감사나 긍정, 사랑과 같은 말을 들려주면 물의 결정이 아름답지만 불평, 비난, 원망 등의 언어를 들려주면 결정이 흩어지고 파괴되는 것입니다.

하물며 인간의 내면과 정서, 그 전인은 어떠하겠습니까?

인간의 몸도 많은 부분이 수분으로 이뤄져 있으니 항상 감사하는 마음과 말, 좋은 표현들을 계속해서 들려주어야 합니다.

반대로 불평은 또 다른 불평을 낳습니다. 두 친구가 길에서 만났습니다. A라는 친구가 불평을 합니다. "3주 전에 우리 먼 친척이 돌아가셨는데 내게 2억원을 유산으로 남겨주셨어" 그러자 B라는 친구가 말합니다.

"야, 너 참 좋겠다. 2억 원이면 엄청 큰돈인데"

그랬더니 A라는 친구가 다시 말합니다. "또 2주 전에는 외삼촌이 갑자기 돌아가셨는데 내게 3억원을 유산으로 남겨주셨어" B라는 친구가 또 다시 부러워서 말합니다. "아이고, 도합 5억원을 벌었구나. 얼마나 좋으냐” 그 말을 듣고 다시 A가 말을 합니다.

그런데 “지난 주에는 고모님이 돌아가셔서 10억 원을 남겨주셨어”

“그럼 총 15억원이 됐네” 그런데 그 A라는 친구는 불만이 가득합니다. 그래서 B가 물었습니다.

“그런데 너는 왜 불만이 가득하냐? 무슨 문제 있냐?” 그러자 15억원 유산을 받은 그 A라는 친구가 이렇게 대답했다고 합니다. “그런데 이번 주에는 아무도 안 돌아가셨잖아”. ^ ^

많은 경우에 인생 가운데 축복의 나비를 부르지 않고 불행의 파리 떼를 부르며 사는 일들이 있습니다.

우리는 감사로 승리해야 합니다. 주님 안에서 감사를 통해 복된 꽃이 피고 열매 맺어 은총의 나비들이 임하는 삶이 되어야 합니다.

그러므로 사소하고 소박하며 작은 것에서부터 늘 감사하시기 바랍니다. 현재의 삶에서 늘 감사 제목들을 찾아 헤아려보시기 바랍니다.

기적적인 일 뿐 아니라 매일의 일상에서 감사의 행복을 향유하시기 바랍니다. 누구든 감사를 계속하다보면 상한 마음이 치료되는 것을 경험합니다. 영혼과 인생이 풍성하고 회복되는 것을 체험합니다.

감사는 감사를 불러일으킵니다. 감사는 마음의 풍성함을 누리게 합니다. 감사하는 순간, 주변과 삶과 세상이 아름답게 보입니다. 모든 사람들이 사랑스러운 존재로 바뀝니다. 모든 인간관계에 평화가 깃듭니다. 하나님 앞에 감사하는 순간, 은혜와 은총의 문이 열리게 됩니다. 현재와 미래에 대한 행복과 축복의 문이 열리게 됩니다.

그릇 안에 흙과 철이 뒤섞여 있는데 그것을 구분하려면 어떻게 해야 될까요? 손으로 일일이 다 고르려면 시간이 많이 걸리고 잘 안 됩니다. 그러나 자석을 갖고 휘 젖으면 자석에 철이 붙습니다.

감사는 축복의 자석입니다. 힘든 상황에서도 주님 앞에 기도하고 감사하면서 살면 그 감사의 자석에 아름다운 축복들이 붙게 됩니다. 주님 안에서 영적인 복, 은혜의 복, 하늘과 땅의 아름다운 복들이 결국 붙게 됩니다.

욥과 요셉은 바로 고난 속에서도 그렇게 끝까지 인내하며 감사하는 인생으로 살았습니다. 다니엘 역시 그 절대 위급의 상황에서도 하나님께 일관되게 감사하며 나아갔습니다.

하나님은 감사로 나아갔던 다니엘을 붙들어주심으로 그의 인생을 무적의 인생이 되도록 견고하게 만들어주셨습니다.

우리 역시 어떤 상황에서도 살아계신 하나님, 십자가에서 죽으시기까지 우리를 사랑하시는 주님을 끝까지 바라보면서 감사하며 살아야 합니다.

16 / 현재라는 시간에 살아있음에 감사하라

"주께서 내게 응답하시고 나의 구원이 되셨으니 내가 주께 감사하리이다 건축자가 버린 돌이 집 모퉁이의 머릿돌이 되었나니 이는 여호와께서 행하신 것이요 우리 눈에 기이한 바로다 이 날은 여호와께서 정하신 것이라 이 날에 우리가 즐거워하고 기뻐하리로다"
(시 118:21-24)

"감사합니다" 라는 말을 하는 데에는 단 0.3초도 걸리지 않습니다. 그러나 이 0.3초의 습관이 좋은 삶의 결과를 만듭니다.

감사하는 말만으로도 좋은 인간관계를 맺을 수 있고, 활기차고 스트레스가 적은 건강한 삶을 살 수 있습니다. 감사 연습을 꾸준히 하면 면역력이 길러지고, 병에서도 빨리 회복되며, 문제해결능력, 창의성 등이 생겨나게 되는 것입니다.

감사하는 마음과 말과 습관이 몸에 붙으면 마치 방탄복을 입은 것 같이 그 감사하는 삶이 우리를 주님 안에서 보호해 줍니다.

감사는 온갖 스트레스와 분노의 파괴적인 힘으로부터 우리를 지켜주고, 우리 마음과 정서와 삶을 강건하게 만들어줍니다.

원망은 물에 새기고 은혜는 돌에 새기라는 말이 있습니다. 원망은 물에 떠내려 보내고, 은혜는 마음에 새겨 늘 기억해야 합니다. 거기에 참된 행복이 임하게 됩니다.

시편 118편에는 넘치도록 감사하고 있는 시인의 모습이 나옵니다. 시편 118편을 쓴 이는 감사하는 마음이 얼마나 가득한지 1절에서도 감사, 끝 절에서도 감사, 그리고 중간 중간에서도 계속해서 감사, 그의 고백이 감사로 시작해서 감사로 끝을 맺고 있습니다. 사람들은 이 시편 118편을 "감사로 물들여진 아름다운 수채화와 같다"고 말합니다.

이 시편을 쓴 이가 이토록 감사할 수 있었던 이유는 무엇일까요?

그것은 시인이 자신을 향하신 하나님의 은혜와 은총들이 무엇인지를 마음깊이 느꼈기 때문입니다.

시편 119편 1절에는 "여호와께 감사하라 저는 선하시며 그 인자하심이 영원함이로다" 라고 되어 있습니다.

우리를 향하신 하나님의 변함없으신 선하심과 그 사랑의 인자하심을 제대로 생각하면 감사 감격하지 않을 수가 없습니다.

바울의 고백처럼 "나의 나 된 것은 하나님의 은혜라!" 모든 것이 하나님의 은혜이며, 그것을 생각 할 때에 감사하게 되는 것입니다.

실제로 우리가 살아가는 매일 매일의 일상들이 큰 감사거리입니다. 흔히 우리들은 매일 마다 만나고 겪게 되는 일상의 것들을 매우 당연시합니다.

반면에 우리 주님의 아름다우신 모습 중 하나는 주님께서 일상적인 것들을 결코 당연하게 여기시지 않았다는 사실입니다.

사람들은 들의 백합화를 당연한 것으로 생각했습니다. 그러나 주님은 가장 순수하신 마음으로 일상의 것들을 경이로운 눈으로 바라보셨습니다.

주님은 주로 진귀한 것에서 영광스러움을 보신 것이 아니라 오히려 흔한 것들, 아기라도 꺾을 수 있는 작은 꽃망울과 백합화에서 하나님의 영광을 보셨습니다. 참새와 겨자씨, 땀에 찌든 아이들, 심지어는 죄를 짓고 거리로 잡혀 나온 여인 속에서도 하나님의 은혜와 회복을 보셨습니다.

하나님은 그분의 형상을 따라 우리를 창조하셨고 창조주의 생명, 독생자의 그 피 값이 우리 안에 담겨져 있는데 어떻게 하나님께서 우리를 당연한 존재로 보시겠습니까?

그러므로 주님 안에서 우리를 가장 소중히 우리를 여겨주시고 사랑하시는 그 사랑에 우리는 감격할 수밖에 없고, 감사할 수밖에 없습니다.

우리는 종종 식탁에 오르는 밥과 빵을 당연한 것으로 생각합니다. 그 쌀과 빵은 시장이나 빵집에서 사온 것이라고 생각합니다. 우리는 항상 일상의 일들을 당연한 것으로 여겨버릴 소지가 다분합니다.

식탁에 오르는 그 밥 한 공기, 빵 한 덩어리 안에는 그것을 만들기 위해 수고하신 농부 분들, 방앗간 집 아저씨, 빵집 아저씨, 아주머니, 그리고 이웃과 가족들의 풍성한 협력과 헌신이 담겨져 있습니다. 그리고 그 모든 것 안에 주님의 크신 은혜가 담겨져 있는 것입니다.

일상의 건강도 그렇습니다. 어떤 아버지와 아들이 대화를 합니다.

“아버지, 오늘 저에게 정말 감사한 일이 생겼습니다. “제가 집으로 오다가 차가 일곱 바퀴나 굴렀어요. 그런데 상처 하나 없이 이렇게 말짱해요” 그랬더니 아버지가 말씀합니다. “그래 정말 감사하구나! 그런데 얘야! 나는 너보다 훨씬 더 감사하다”

아들이 묻습니다. “아버지는 오시다가 혹시 여덟 바퀴, 아니면 아홉 바퀴라도 구르셨나요?”

“아니다. 얘야! 나는 한 바퀴도 안 굴렀다. 아예 한 바퀴도 안 구르고 왔으니 얼마나 감사한 일이냐? ^ ^

실제로 얼마 전 영국에서 있던 일입니다. 어떤 열 네 살짜리 소녀가 무려 30만 볼트의 전류가 흐르는 벼락을 맞았습니다. 그런데 기적적으로 목숨을 건졌습니다. 집 앞 나무 밑에서 비를 피하다가 벼락을 맞았고 그 자리에서 기절했습니다.

하지만 그는 몸에 가벼운 화상을 입었을 뿐 생명에는 전혀 지장이 없었습니다. 벼락이 칠 당시 그녀는 MP3 녹음기로 음악을 듣고 있었는데, 벼락이 그 전선을 타고 밖으로 빠져 나갔던 것입니다.

목숨을 건진 그는 “할머니가 사고 4일 전에 선물해준 MP3 녹음기가 자신을 구했다” 고 하면서 감격해 했습니다.

병원에서도 그 모든 것을 기적이라고 표현했습니다. 담당 의사는 “벼락을 맞으면 대부분 내부 장기가 손상돼 위독하게 되는데 그 소녀는 아주 경미한 화상만 입었다” 고 하며 놀라워했습니다.

참으로 놀랍고 감사한 일입니다. 그런데 알고 보면 우리는 비교할 수 없이 훨씬 더 감사합니다.

왜냐하면 이제까지 살면서 벼락 한 번 안 맞았으니 얼마나 감사합니까? 벼락 맞고 살아난 것보다 훨씬 더 감사합니다 . ^ ^

우리는 일상에서 하나님의 지극하신 사랑과 그 영원한 생명 안에서 살고 있으니 늘 감사하고 찬송하며 살아야 마땅합니다. 어떤 상황에서도 감사와 찬송이 끊이지 않을 수 있는 것입니다.

물론 때로 건강치 못한 것도 하나님의 섭리 속에서 더 귀한 인생으로 이어질 수 있기에 그것 역시 감사할 수 있습니다.

잘 알려진 헬렌 켈러는 볼 수도 없고, 들을 수도 없고 말할 수도 없는 3중고에 시달렸습니다. 그러나 그녀는 다른 사람들을 돕는 아름다운 일생이 되었고 지금도 장애우들의 희망으로 남아있습니다.

그러했던 그녀가 직접 쓴 "내가 만일 3일 동안만 볼 수 있다면" 이라는 아주 유명한 글이 있습니다.

"만약 나에게 이 세상을 사는 동안에 소망이 있다면 그것은 죽기 전에 꼭 3일 동안만 눈을 뜨고 보는 것이다" 라고 고백하였습니다. 그래서 만약 눈을 뜨고 볼 수 있다면 먼저 자신을 아름답게 키워주신 선생님 애니 설리번을 찾아가서 볼 것이고, 그 다음엔 자신의 친구들의 모습과 웃음을 기억하고, 그 다음엔 들로 산으로 산보를 나가 바람에 나풀거리는 아름다운 나무 잎사귀들, 들에 피어있는 예쁜 꽃과 풀들, 그리고 저녁이 되면 석

양에 빛나는 노을을 보고 싶고, 먼동이 트는 장면과 박물관, 미술관, 그리고 저녁에는 보석 같은 밤하늘의 별들을 보면서 하루, 이틀을 지내고 싶다고 고백하고 있습니다.

그리고 출근하는 사람들의 얼굴과 뛰노는 아이들의 모습을 보고 싶고, 그리고 어느덧 3일째 저녁이 되면 네온사인이 반짝거리는 거리를 구경하고 집에 돌아와 눈을 감아야 할 마지막 순간에..

"나는.. 이 3일 동안만이라도 볼 수 있게 해준 나의 하나님께 감사기도를 드리고 또 다시 암흑의 세계로 가겠다"라고 고백 하였습니다.

얼마나 절절합니까? 3일 동안만이라도 볼 수 있다면 보고 싶은 사람들과 자연들을 보면서 하나님께 감사드리며 눈을 감을 수 있다는 고백입니다.

헬렌 켈러는 이런 말을 남깁니다. "여러분! 시각에 대한 나의 이 간절함과 같이 여러분의 눈을 아름답게 사용하십시오. 청각에 대한 나의 이 간절함과 같이 말소리와 새소리, 오케스트라의 힘찬 선율을 들어보십시오"

건강을 잃어본 사람이 하나님의 은총, 그 건강의 은총을 깊이 알게 됩니다. 그러기에 우리는 식사시간에도, 자연을 대하면서 늘 감사해야 하며 이렇게 교회로 나올 수 있게 해주신 것, 찬송할 수 있게 해주신 것, 때로 음치 이신 분의 찬송소리가 옆에서 들릴지라도 하여간 들을 수 있다는 그 자체로 인해 우리는 크게 기뻐하며 감사할 수 있습니다.

제가 아는 어떤 분은 수영하다가 목과 척추를 다치셔서 손가락 하나라도 전혀 움직이시지 못하게 되셨습니다. 그런데 그분이 병원에서 몇 개월 만에 크리넥스 티슈 한 장 가까스로 꺼내실 정도로 회복되셨는데 그 티슈 하나 겨우 뽑으시고는 얼마나 하나님 앞에 눈물을 흘리며 감사해했는지 그 간증을 듣고 깊은 깨달음을 받았습니다.

어떤 분은 손가락하나라도 움직이고 싶고, 발한걸음이라도 내딛고 싶지만 그렇게 하지 못해 너무나 안타까워하시는 분도 있습니다.

우리의 손가락 하나하나 움직일 수 있는 것, 우리의 모든 행동 하나하나가 얼마나 소중하며 감사한 일인지 모릅니다.

우리는 물을 마시면서도 감사, 꽃을 보면서도 감사, 하늘과 해와 별들을 보면서도 감사, 자고 깨며, 앉으며 일어서고, 걷고 뛰며 숨 쉬는 이 모든 것들에 대하여 하나님 앞에 경이롭게 생각하고 놀라워하면서 감사할 수 있어야 하는 것입니다.

"또 무엇을 하든지 말에나 일에나 다 주 예수의 이름으로 하고 그를 힘입어 하나님 아버지께 감사하라" (골 3:17)

유명한 흑인 영가 가수 루이 암스트롱의 "what a wonderful world!" 라는 잘 알려진 노래가 있습니다.

"I see trees of green, red roses too. I see them bloom for me and you. And I think to myself what a wonderful world!"

그 가사 내용 전체를 번역하면 다음과 같습니다. "나는 녹색 나무와 붉은 장미를 봅니다. 당신과 나를 위해 피어난 그 꽃과 나무들을 봅니다. 그리고 나는 생각해 봅니다. 이 얼마나 경이로운 세계인가! 나는 푸른 하늘과 하얀 구름을 봅니다. 빛은 낮을 축복하고 무지개의 빛깔은 하늘에서 아름답게 빛나며 지나가는 사람들의 얼굴에도 그 빛이 있습니다.

또한 나는 안녕하세요! 라고 인사하며 악수하는 친우들을 봅니다. 그들은 진정으로 '나는 널 사랑해' 라는 말을 하고 있습니다.

또한 나는 아기가 우는 것을 듣고, 그들이 자라는 것을 봅니다. 제가 알고 있는 것 보다 더 많이 배우며 자라겠지요. 저는 혼자 생각해 봅니다. (And I think to myself what a wonderful world!) 오! 이 얼마나 경이롭고 놀라운 세계인가!'

"참 아름다워라 주님의 세계는 저 산에 부는 바람과 잔잔한 시냇물~" 그 찬송의 현대판 영가인 것입니다.

주님의 마음과 주님 닮은 그 안목을 갖고 하나님께서 만드신 세계, 하나님께서 이루시는 일상의 삶들을 경이로운 눈으로 바라보며 생각하게 되면 우리는 일상 속에서 우리에게 베푸시는 하나님의 사랑과 은혜에 감사하는 삶을 살 수 있는 것입니다.

더욱이 우리에게는 특별한 감사의 제목이 있지 않습니까? 이 모든 것 위에 특별히 영원토록 감사할 수 있는 감사의 하이라이트가 있습니다.

22절을 보면 "건축자의 버린 돌이 집 모퉁이의 머릿돌이 되었느니라" 라고 되어 있습니다.

주님은 이 땅에 오셨을 때 사람들에 의해 버림과 배척을 받으셨으며 결국 십자가에서 죽임을 당하셨습니다. 왜 그렇게 버림받으셔야만 했나요?

그것은 우리를 구원하시기 위함이셨습니다.

여러분과 저에게 영원한 생명, 영원한 구원과 행복을 주시려고 그렇게 십자가에서 버림받으시고 죽으신 것입니다.

버려진 돌이 오히려 모퉁이 돌, 가장 중요한 머릿돌이 된 것처럼, 주님은 다시 사시어 만유의 주님이 되시고 우리의 영원한 왕이 되어주신 것입니다. 이것이 우리를 향한 하나님의 특별하신 사랑이요 은총인 것입니다. 그리고 이 은총과 사랑은 누가 뭐래도, 그 어떤 상황 속에서도 영원토록 변함이 없습니다.

우리는 하나님의 이 특별하신 은총과 사랑을 생각할 때에 기뻐하며 감사합니다.

24절 "이날은 여호와의 정하신 것이라 이날에 우리가 즐거워하고 기뻐하리로다"

이제는 감사와 기쁨의 사람으로 새로워져야 합니다. 감사하며 살 때 참 행복이 있습니다. 바람이 불어도 감사하며 승리하시기 바랍니다.

4장 나눔을 위한 질문

1. 최근에 일어난 일 중 감사한 일이 있다면 무엇인가요? 자유롭게 이야기
   해보세요.

2. 감사가 우리에게 주는 유익과 영향들은 무엇이라고 생각하시나요?

3. 감사생활을 활성화시키기 위한 방안들은 무엇이라고 생각하시나요?

4. 최근에 일어난 부정적으로 보여지는 일들 중에서 감사제목으로
   바꿀 수 있는 것이 있다면 어떤 것인가요?

5. 감사할 때 우리 마음에 마치 신선한 산소가 공급되는 것 과 같다고 해서
   날마다 산소 일기(Oxygen diary) 혹은 감사일기를 쓰는 생활 훈련이
   있습니다. 각자 연습해 보면 어떨까요?

   1) 오늘 하루 동안 기분 좋은 일 은?
   2) 오늘 하루 동안 고마운 사람이나 고마운 일은?
   3) 오늘 하루 동안 나의 재능을 잘 발휘한 일이 있다면?

* 유머퀴즈 : 전주비빔밥의 반대말은? (정답은 뒷장에)

(정답: 금주 비빔밥 (이번주 비빔밥)^^

5장 웃음
Laugh

17 / 웃음은 마음의 치료제이다

"여호와께서 우리를 위하여 큰 일을 행하셨으니 우리는 기쁘도다 여호와여 우리의 포로를 남방 시내들 같이 돌려 보내소서 눈물을 흘리며 씨를 뿌리는 자는 기쁨으로 거두리로다 울며 씨를 뿌리러 나가는 자는 반드시 기쁨으로 그 곡식 단을 가지고 돌아오리로다" (시 126:3-6)

하나님 은혜 안에서 행복을 누리려면 7H를 지녀야 합니다.

첫째는 Happy look, 행복한 미소입니다. 둘째는 Happy talk, 사랑과 칭찬의 대화입니다. 셋째는 Happy call, 명랑한 언어입니다. 명랑한 언어는 상대방의 영혼을 소생시켜 주는 청량제가 됩니다.

넷째는 Happy work, 성실한 직무입니다. 행복하게 성실하게 일하면 우리 자신도, 주변 모두도 행복해집니다. 다섯째는 Happy song, 즐거운 노래, 찬송입니다. 하나님의 사랑을 아는 사람들은 일하면서도 노래합니다. 여섯째는 Happy note, 떠오르는 좋은 아이디어들을 기록하는 것입니다. 일곱째는 Happy mind, 불평이나 원망대신 행복한 마음을 갖고 사는 것입니다.

우리가 웃을 수 있다는 것은 하나님의 축복입니다. 이 세상에는 아름다운 보석이 많습니다. 그 중에서 가장 귀한 보석은 웃음입니다. 웃음은 참으로 신비한 힘을 지녔습니다.

만약에 사람에게 웃음이 없었다면 인생의 스트레스를 견디지 못할 것입니다. 그러나 우리를 사랑하시는 하나님은 웃음과 눈물을 주셔서 우리 정서가 부드럽게 순화되고 치유되도록 만드셨습니다.

잘 알려진 실화입니다. 미국에 노만 카슨스(Norman Cousins)라는 사람이 강직성 척추염에 걸리게 되었습니다. 이 척추염은 척추가 돌처럼 굳어지는 고통스런 병, 특별한 치유법이 없는 불치병이었습니다.

그래서 그는 "이왕 죽을 인생, 원 없이 웃다가 죽어야 되겠다"고 생각하고는 웃기는 코미디, 유머를 보면서 깔깔대면서 웃기 시작했습니다.

신기한 것은 웃고 나니까 아픔이 좀 괜찮아 지는 것이었습니다. 이전보다 잠도 잘 오고, 그래서 그는 몇 달 동안 그렇게 실컷 웃으며 생활했습니다. 결과적으로 어떻게 되었을까요?

염증이 사라지더니 깨끗하게 완치되는 기적이 생겼습니다. 이후 의학계에서는 웃음치료에 깊은 관심을 갖게 되었습니다.

지금 웃음치료는 전 세계적으로 각광을 받고 있습니다. '패치 아담스(Patch Adams)'라는 영화에서도 이 웃음치료가 소개되기도 했습니다.

특히 의학계에서는 뇌의 어떤 부분에서 웃음을 관장하는지를 찾아냈습니다. 왼쪽 대뇌 부분의 사지 통제 신경조직이 있는데 그 옆에 조그마한

‘웃음 통’이 있는 것으로 밝혀졌습니다.

이것이 하나님 주신 선물, 웃음보따리입니다. 웃음보 터진다는 말이 있는데 웃음보따리가 실제 뇌 속에 있었던 것입니다.

이 웃음보는 놀람, 불안, 짜증과 같은 생각에 대해서는 움츠려듭니다. 반대로 기쁨, 행복, 자유, 감동, 감사 같은 생각에는 좋은 에너지를 발생시키는데 그것이 온 몸에 엔돌핀(endorphin) 생산을 늘려 줍니다.

웃음으로 말미암아 생겨나는 이 엔돌핀은 암을 예방하고, 간 기능, 관절염 등을 좋게 하며, 소화 기능까지 좋게 합니다. 혈액순환을 좋게 하여 혈압을 내리는 결정적인 역할을 하고 피부 노화도 방지하며 얼굴을 환하고 아름답게 해줍니다.

웃음은 진정한 만병통치약, 최고의 명약이요, 보약입니다. 그런데 이 웃음보가 얼마나 지혜로운가 하면 사람이 별로 안 웃겨도 억지로라도 “허허허” 하며 웃으면 뇌에서 진짜인 줄 알고 똑같은 작용을 하도록 만듭니다. 하나님께서 우리 안에 행복이 자주 넘치도록 하시기 위해 웃음보를 잘 터지게 만드신 것입니다.

그래서 웃을 일이 없어도 그냥 웃으면 진짜 웃음이 됩니다. 축구선수들은 이렇게 웃는다고 합니다. 킥킥킥(kick). 그리고 요리사들은 쿡쿡쿡(cook) 하고 웃습니다♥

특별히 살짝 웃는 미소도 좋지만 만면에 웃음을 띠고 크게 웃는 파안대소, 함박웃음도 아주 좋습니다.

시편 126편에서도 크게 웃는 하나님의 백성들의 모습이 나옵니다. 그들은 왜 기뻐했던 것일까요? 당시 이스라엘은 70년 동안 바벨론에서 포로 생활을 하다가 하나님의 도우심으로 해방됩니다.

1-2절을 보면 "여호와께서 시온의 포로를 돌려 보내실 때에 우리는 꿈꾸는 것 같았도다 그 때에 우리 입에는 웃음이 가득하고 우리 혀에는 찬양이 찼었도다" 라고 고백합니다.

오랜 동안 억눌려 있다가 해방되어 고향으로 돌아오니 그 감격이라는 것은 너무나 깊고 큰 것이었습니다.

그들은 그 모든 눈물과 고난을 통과한 후에 마음 가득한 웃음과 행복을 가질 수 있었던 것입니다.

여기에서 우리는 그리스도인들이 갖는 기쁨과 웃음이 어떤 것인지를 보게 됩니다. 그것은 눈물의 골짜기를 지난 후에 웃는 웃음입니다.

하나님의 사람들의 웃음은 역설적인 것이 많습니다. 눈물 속에 웃음이 있고, 고난 속에 참된 영광이 있는 것! 역설적이지만 이것이 성경의 진수요 핵심입니다. 주님은 죽음을 통해 참된 영광을 이루셨고 우리를 위해 애통하심으로 우리를 구원하시는 참 기쁨을 얻으셨습니다.

그러므로 우리는 웃음의 소중함을 아는 동시에 먼저는 참된 눈물의 소중성도 알아야 합니다.

실제 울음은 웃음처럼 마음의 정서와 몸에 도움이 됩니다. 울음이 잠재적으로 몸과 마음을 이완시켜 혈압을 낮추고 긴장을 줄이며 몸의 각종 독성들을 씻어주는 것이 의학적 정설입니다.

특히 요즘 현대인들은 소설이나 드라마처럼 픽션, 만들어진 이야기를 보면서 눈물을 흘립니다.

어렸을 때 만화를 보고 운적이 생각나는데 '엄마 찾아 삼만리', '프란다스의 개', 특히 그 '프란다스의 개'의 마지막 장면 즉 그림 앞에서 주인공 소년 옆에서 파트라슈가 죽어가는 모습이 얼마나 슬프던지!

그리고 청소년기에는 현진건의 『운수 없는 날』이라든지, A.J. 크로닌의 『천국의 열쇠』라는 소설을 잃고 눈물 흘렸던 기억도 납니다♥

그런데 그러한 감상적인 눈물도 의미있겠지만 5절에 나오는 "울며 씨를 뿌릴 때의 그 눈물"은 어려운 시련으로 인한 눈물이며 참고 인내해는 거룩한 눈물입니다.

하나님의 자녀들이라고 해서 시련이 없는 것이 아닙니다. 때로 눈물어린 고난이 많습니다. 그러기에 "의인은 고난이 많다"(시 34:19)고 하였고, 야곱도 "내가 험악한 세월을 보냈다"(창 47:9)고 고백했습니다.

하지만 중요한 것은 고난이 결국은 성도의 영혼을 아름답게, 성숙하게 해준다는 사실입니다. 그래서 고난을 통과한 심령 안에 원숙한 기쁨과 진한 웃음이 배어 있습니다.

로키 산맥 해발 3,000미터 높이에는 수목 한계선인 지대가 있습니다. 그곳은 더 이상 나무가 자랄 수 없을 정도의 악조건 지대입니다.

그래서 그 지대의 나무들은 매서운 바람 때문에 곧게 자라지 못하고 결국 '무릎 꿇고 있는 모습'을 한 채 웅크려 있어야만 합니다. 그 나무들은 생존을 위해 무서운 인내력으로 악조건들을 참아 견디는 것입니다.

그런데 세계적으로 가장 공명이 잘되고 가치가 뛰어난 명품 바이올린이 무엇으로 만들어 지느냐? 바로 이 '무릎 나무'로 만들어집니다.

인생의 절묘한 선율을 내는 하나님 기뻐하시는 아름다운 내면의 사람은 어떤 사람인가? 온갖 풍상(風霜) 가운데 그 아픔을 기도로 인내하며 통과하는 그 사람을 통해 하나님은 아름다운 뜻을 이 땅 가운데 이루십니다.

그러기에 고난으로 빚어진 심령은 하나님 앞에서 정금 같은 존재가 됩니다. "내가 가는 길을 그가 아시나니 그가 나를 단련하신 후에는 내가 순금 같이 되어 나오리라"(욥기 23:10)

무릎을 꿇는 무릎나무가 아름답게 사용되는 것처럼 주님은 우리의 무릎과 눈물을 귀하게 사용하십니다.

주님은 애타는 눈물로 우리를 위해 무릎을 꿇어 기도하셨고 고난의 십자가를 감내하셨습니다.

우리도 영혼들을 위해 고난과 눈물을 감수한다면 영혼을 구원하는 감격과 기쁨을 얻게 됩니다. 울며 씨를 뿌리러 나가는 사람은 반드시 기쁨으로 곡식 단을 거두게 되는 것입니다.

영혼을 위해 울게 되면 영혼들을 얻는 참 기쁨을 얻게 됩니다. 주님 안에서 참된 눈물과 웃음이 어우러진 아름다운 생애가 되는 것입니다.

우리는 주님의 복음으로 죄에서 자유를 얻고 영원한 생명을 받은 복된 존재들이 되었습니다. 그러기에 우리는 영원토록, 그리고 항상 주님 안에서 기뻐할 수 있습니다.

특히 공동체적으로 함께 기뻐하는 것이 하나님께 큰 영광이 됩니다. 사람은 혼자 있을 때보다 같이 있을 때 30배 더 웃는다고 합니다. 코미디를 볼 때도 혼자 보면 별로인데 여러 사람이 함께 보면 별 것 아닌 것도 더 즐겁습니다. 함께 웃음을 듣거나 나누면 더 효과가 있는 것입니다.

그만 원두막으로 3행시를 하셔야 되는데 원숭이로 3행시를 지었던 것입니다. 그래도 다들 더 재밌게 기뻐하며 웃으셨답니다.

이처럼 더불어 웃는 삶은 행복한 삶입니다. 함께 모여 사랑 안에서 웃으면 너무 좋습니다.

그래서 은혜로 충만했던 초대교회 안에는 감사와 기쁨과 찬양이 넘쳤고, 심지어는 불신자들까지 와서 함께 기쁨을 나누었습니다.

우리가 개인적으로나 교회 공동체적으로 주님 안에서 기쁨과 웃음을 생활화하면 마음이 밝아집니다. 얼굴도 밝아집니다. 그리고 그 밝은 얼굴은 다른 사람들에게 기쁨을 불러일으킵니다.

이것이 바로 복음의 향기, 전도의 향기가 됩니다. 기쁨이 가득한 우리를 향해 슬픔에 영혼들이 주님께 돌아오게 됩니다.

주님의 십자가의 복음, 영원한 생명과 회복의 복음을 들으며 치유되고 회복되어 함께 주님 안에서 영원히 기뻐하게 됩니다.

진한 사랑의 눈물로 영혼들을 위해 간구하며 그들에게 주님의 위로와 기쁨을 전할 때 그들은 주님의 사랑에 매료될 것입니다. 울며 기도로서 씨를 뿌리는 자는 기쁨으로 단을 거두게 될 것입니다.

18 / 웃음은 인생의 햇빛이다

"시온의 딸아 노래할지어다 이스라엘아 기쁘게 부를지어다 예루살렘 딸아 전심으로 기뻐하며 즐거워할지어다 여호와가 네 형벌을 제거하였고 네 원수를 쫓아냈으며 이스라엘 왕 여호와가 네 가운데 계시니 네가 다시는 화를 당할까 두려워하지 아니할 것이라 그 날에 사람이 예루살렘에 이르기를 두려워하지 말라 시온아 네 손을 늘어뜨리지 말라 너의 하나님 여호와가 너의 가운데에 계시니 그는 구원을 베푸실 전능자이시라 그가 너로 말미암아 기쁨을 이기지 못하시며 너를 잠잠히 사랑하시며 너로 말미암아 즐거이 부르며 기뻐하시리라 하리라" (습 3:14-17)

어떤 남자가 의사를 찾아왔습니다. 의사에게 이렇게 말했습니다. "선생님! 저는 건망증이 너무 심해서 큰일 났어요"

그러자 의사는 물었습니다. "언제부터 그랬나요?" 그러자 그 남자는 이렇게 말했습니다. "뭐가요?. ^ ^

많이 웃게 되면 기억력이 좋아집니다. 뇌가 자극되기 때문입니다. 기뻐할 때 영적인 깨어남, 정신적인 깨어남이 있게 됩니다.

달리는 자동차 속도에 알 맞는 찬송들이 있다고 합니다. 자동차가 150킬로 속도로 달리면, 거기에 맞는 찬송은 뭘까요? "내 주를 가까이 하게 함은" 입니다.

그러면 160킬로로 달리면 "갈 길을 밝히 보이시니" 170킬로는 뭘까요? "하늘가는 밝은 길이 내 앞에 있으니" 그리고 190 킬로로 달릴 때는 "열린 천국문 내가 들어가" 그렇다면 200킬로 이상일 때는 어떤 찬송이 맞을까요? "나 이제 왔으니 내 집을 찾아" 입니다. ^ ^

누구든 살다보면 기쁠 때도 있고 슬플 때도 있습니다. 좋을 때도 있고 어려울 때도 있습니다. 그러나 하나님은 그 어떤 상황 속에서도 주님 안에서 기뻐하며 살라고 하셨습니다.

주 안에서 항상 기뻐하라 내가 다시 말하노니 기뻐하라" (빌 4:4)

사람이 정말로 항상 기뻐만하면서, 감사만 하면서 살 수 있을까요? 물론 현실적으로 불가능하지만 우리가 하나님 안에서 살게 될 때 삶의 전반에 기쁨이 가득하게 됩니다.

기쁨에도 2종류가 있습니다. 하나는 크게 즐거워하는 유쾌한 기쁨이 있고, 하나는 마음의 평안함을 은은하게 누리는 고요한 기쁨도 있습니다. 전자도, 후자도 다 좋은 것입니다.

기네스북 자료에 보니까 어느 12살짜리 캐나다 소녀가 10시간 5분 동안 쉬지 않고 미소를 지어서 세계 기록을 세웠다고 합니다.

늘 기뻐하며 산다는 것은 사실 잘 되지 않습니다. 그러나 특별히 그리스도인들은 항상 기뻐하는 사람들로 부름 받았습니다. 이 기쁨, 웃음이라는 것은 원래부터 그리스도인의 삶의 특징이고, 특성인 것입니다.

우리 예수님은 유머가 넘치는 풍자적인 말씀을 종종 하셨는데 "부자가 천국에 들어가는 것이 얼마나 어려운지 낙타가 바늘구멍 들어가는 것보다 어렵다" 라든지 재치 있는 표현들을 많이 하셨습니다. 주님 안에는 해학과 기쁨이 있습니다.

분노는 우리에게 해가 됩니다. 화가 나면 혈압이 130에서 230까지 급속도로 상승하며, 심장 박동은 220이상으로 높아지면서 우리의 오장 육부를 손상시킵니다. 분을 내면 병을 일으키는 호르몬의 분비가 많아지고, 노화를 촉진하며 소화가 잘 되지 않고, 장의 통증 까지 느끼게 됩니다.

반면에 미국 스탠퍼드 대학의 윌리암 프라이 박사는 "웃음, 그리고 기쁜 마음이 뇌 운동을 활성화시키고 건강에 결정적인 역할을 한다"고 하였습니다. 기뻐하고 웃는 것은 암을 예방하며 심지어는 치명적인 암까지도 치료하기도 합니다.

또한 15초 동안 웃으면 수명이 이틀 늘어납니다. 웃으면 맥박, 호흡이 안정되고, 세포가 활성화 되어 각종 면역이 되고 몸 안에서 자연 진통제가 생성되면서 강력한 치유가 일어납니다. 수명이 증진되는 것입니다.

웃으면 우리 몸속에 부신이라는 기관에서 신경통과 같은 각종 염증을 낫게 하는 신비한 화학물질이 나오고, 동맥이 이완되기 때문에 혈액의 순환을 좋게 하고 혈압이 낮아지면서 전신의 피로가 풀리고, 몸의 근육들이 튼튼하게 되며, 뇌졸중의 원인이 되는 순환계의 각종 질병을 예방되는 강력한 효과가 나타나게 됩니다.

정말로 웃으면 복이 옵니다. 즐겁게 웃다보면 머리 아픈 것도 사라지고 개운해지고 컨디션도 좋아집니다.

하나님은 우리가 영원토록 행복하게 살기를 원하십니다. 그러기에 기쁨, 웃음은 하나님의 선물이요, 놀라운 축복입니다.

여기에서 시온의 딸이라는 뜻은 예루살렘의 후손. 즉 이스라엘백성을 의미합니다. 오늘날로 하자면 교 회의 자녀들, 성도들입니다.

그러기에 이 구절은 "너희 성도들이여 마음껏 기뻐하고 즐거워하면서 찬송하라" 로 번역할 수 있습니다.

특히 시온의 딸은 이스라엘의 남은 자들을 의미합니다. 성경은 '남은 자' 들을 중요시 합니다.

환란과 핍박과 유혹 속에서도 믿음으로 인내하면서 남은 사람, 끝까지 하나님만을 사랑하며 따라가는 그 사람들에게 하나님은 친히 종국적인 은총과 축복과 승리를 다 베풀어주시는 것입니다.

하나님의 역사는 항상 남은 사람들을 통하여 아름답게 이루어집니다. 다

 하나님의 사람들은 그 많은 난관과 슬픔들이 있을지라도 하나님의 은혜로 말미암아 그 모든 것을 이기게 됩니다. 그러기에 남은 자들, 즉 참된 그리스도인들은 더 한층 진한 감격으로 기쁨과 웃음을 갖고 하나님 안에서 살게 되는 것입니다.

 그러한 생을 누렸던 주님 닮은 한 사람의 예를 들어보겠습니다. "내가 대통령이 된 것은 전적으로 나의 어머니가 유일한 유산으로 남겨주신 성경 때문이었다"는 말로 유명한 신앙인 링컨은 불행과 고통의 연속으로 점철된 인생이었습니다.

 그는 보통 사람이 겪을 수 없는 많은 아픔을 겼었던 사람입니다. 홀어머니 밑에서 자라났고, 어렸을 때 그의 어머니와 누이, 형제들과 다 사별하는 아픔을 겪었습니다.

 23세 때에는 사업의 파산이 있었고, 24세 때는 주 의회 의원 낙선, 25세 때는 다시 2차로 사업실패해서 큰 빚을 지게 됩니다.

 그리고 30세 이후에도 각종 선거에서 줄줄이 낙선, 결국 52세 때 대통령이 될 때까지 한 번도 선거에서 당선되지 못합니다. 하여간 그의 평생 온갖 실패와 고난을 겪었던 것입니다 그러나 그는 항상 기쁨과 유머를 간직한 사람으로 알려져 있습니다.

그가 선거에서 떨어졌을 때 고백한 내용입니다. "나는 선거에서 낙선했다는 소식을 듣자마자 곧바로 내가 자주 가는 식당으로 달려갔습니다. 그리고는 배가 부를 만큼 맛있는 요리를 실컷 먹었습니다. 그 다음은 이발소로 달려가서 머리를 단정하게 손질하고 기름도 듬뿍 발랐습니다. 그렇게 하니 곧바로 내 발걸음에는 다시 힘이 생겼고, 내 목소리는 우렁차게 되었습니다" 그는 고난 속에서도 웃음과 희망을 선택할 줄 알았던 것입니다.

우리의 연약함, 우리가 받을 모든 형벌들을 주님께서 십자가를 통해서 다 면제해주시고 다 청산해주신 것입니다.

것은 왜 일까요?” 그러자 목사님은 다시 대답해주었습니다.

“그것은 죄를 깨끗하게 하는 것은 예수님의 피 때문이라는 것을 보여주기 위함입니다”

그런데 그 성도 옆에 있던 또 다른 성도가 손을 번쩍 들더니 목사님에게 질문했습니다. “목사님! 제 성경책의 옆의 색은 빨간색이 아니라 은색인데요? 어떻게 된 건가요?”

그러자 목사님은 이렇게 이야기하셨다고 합니다. “네! 그것은 바로 예수님의 살색입니다”. ^ ^

예수님은 우리 위해 대신 죽으심으로 이제 우리가 당해야만 되는 모든 형벌들이 다 사라지게 되었습니다.

우리 주님께서 십자가로 흑암의 권세를 다 물리치시고 우리에게 오셔서 기쁨과 평화, 영원한 생명과 승리를 다 주셨기에 우리는 범사에 감사하면서 기뻐할 수 있습니다.

그리고 그렇게 영원한 생명과 승리를 주신 주님께서 우리를 기뻐하시고 사랑하시면서 우리와 함께 하신다고 말씀합니다.

“너의 하나님 여호와가 너의 가운데 계시니 그는 구원을 베푸실 전능자시라 그가 너로 인하여 기쁨을 이기지 못하여 하시며 너를 잠잠히 사랑하시며 너로 인하여 즐거이 부르며 기뻐하시리라” (습 3:17)

하나님은 우리를 구원하셨을 뿐만 아니라 지금도 날마다, 매순간마다 우리와 함께 하시면서 사랑해주시고 도와주십니다. 그러기에 우리는 믿음의 긍정성을 지니며 기뻐하며 살아갈 수 있습니다.

 그러므로 우리는 긍정적인 생각 정도가 아니라 어떤 상황에서든지 우리 초(ultra) 긍정적인 생각으로 기뻐하며 살 수 있어야 합니다.

 왜냐하면 우리는 하나님의 구원과 은혜 안에 있는 존재들이기 때문입니다. 전능하신 하나님께서 친히 함께 하시는 인생들이기 때문입니다.

 우리의 모든 형벌은 그리스도 안에서 다 사라지게 되었고, 어둠의 권세들은 물러갔으며, 모든 것을 다 이기도록 하나님은 도와주시고 함께 하십니다. 그 사랑 안에서 항상 기뻐하고 웃으며 사시기를 바랍니다.

19 / 천상(天上)의 기쁨은 소박하다

"하나님이 모든 것을 지으시되 때를 따라 아름답게 하셨고 또 사람들에게는 영원을 사모하는 마음을 주셨느니라 그러나 하나님이 하시는 일의 시종을 사람으로 측량할 수 없게 하셨도다 사람들이 사는 동안에 기뻐하며 선을 행하는 것보다 더 나은 것이 없는 줄을 내가 알았고 사람마다 먹고 마시는 것과 수고함으로 낙을 누리는 그것이 하나님의 선물인 줄도 또한 알았도다" (전 3:11-13)

쥐 부부가 있었습니다. 어느 날 남편 쥐가 아내 쥐에게 물었습니다. "식량이 얼마나 남았소?"

그러자 아내 쥐는 말하기를 "쥐꼬리만큼 남았어요" 그러자 남편 쥐가 아내 쥐에게 속닥거리며 말했습니다. "그럼 우리, 쥐도 새도 모르게 그 식량을 먹어치웁시다". ^ ^

위의 유머는 24시간 유머입니다. 내일 이 시간쯤에 웃으실 겁니다♥

하나님은 우리에게 웃을 수 있는 시간과 여유를 주십니다. 일상 속에서 은혜를 즐거워하며 기쁨을 품고 살아가시기 바랍니다.

"웃을 시간을 가지십시오. 이는 영혼의 음악입니다. 생각할 시간을 가지십시오. 이는 영혼의 힘의 원천입니다. 쉬는 시간을 가지십시오. 이는 지혜의 샘입니다. 기도할 시간을 가지십시오. 이는 세상에 있는 가장 큰 힘입니다"

행복한 삶의 길이 무엇인지를 잘 알려주는 글입니다. 물론 행복은 하나님의 은혜로 주어지지만 인간이 하나님 안에서 선택하는 삶이라고도 할 수 있습니다.

행복한 사람들은 건강한 기쁨을 선택하며 삽니다. 성경 전도서 3장에서도 주님 안에서 기뻐하는 삶이 복된 것임을 말씀합니다.

12절을 보면 "사람들이 사는 동안에 기뻐하며 선을 행하는 것보다 더 나은 것이 없는 줄을 내가 알았고" 라고 되어 있습니다.

전도서의 저자는 지혜의 왕 솔로몬입니다. 솔로몬이 인생을 살아보니까 세상의 성공도, 부귀도, 명예도 다 부질없는 것임을 알게 되었습니다. 그래서 그는 모든 것이 헛되다고 고백했습니다.

하지만 헛되지 않는 것이 있는데 그것은 사는 날 동안에 기뻐하며 선을 행하는 것은 헛되지 않다고 했습니다.

13절에서 "사람마다 먹고 마시는 것과 수고함으로 낙을 누리는 그것이 하나님의 선물인 줄도 또한 알았도다"

먹고 마시는 것과 수고함은 일상적이고 평범한 삶을 뜻합니다. 솔로몬은 이전에 뭔가 대단한 성공, 특별한 부귀와 향락을 누려야 행복해지는 것이라고 생각했습니다. 그러나 참 행복이 거기에 있지 않다는 것을 알게 되었습니다.

하나님은 우리에게 평범한 일상생활을 허락하셨습니다. 그러한 우리의 일상은 귀한 축복이며 하나님의 사랑과 인도하심 가운데 있습니다.

그러기에 일상에서 기쁨을 누리며 사는 것은 하나님의 선물입니다. 사람들은 일상에서, 소박한 것에서 기쁨을 누리지 못한 채 어떤 특별한 성공이나 향락을 추구하려고 합니다.

참된 기쁨과 행복은 소박한 것입니다. 천상의 기쁨은 소박한 것입니다. 평범한 삶에서 하나님과 동행하는 기쁨을 누릴 때에 참 행복이 있는 것입니다.

때로 우리 삶에는 괴로운 일들도 있습니다. "이 세상에 근심된 일이 많고 참 죽을 일 쌓였구나!" 그 찬송 가사처럼 고민 되는 일, 이 세상을 사는 사람들 모두에게는 다 근심되는 일들이 많은 것입니다.

그러나 "주 예수님 날 오라 부르시니 곧 평안히 쉬리로다. 주 예수의 구원의 은혜로다. 참 기쁘고 즐겁구나. 그 은혜를 영원히 누리겠네 곧 평안히 쉬리로다" 하나님께서 우리를 건져주시고 끝까지 인도하시기에 우리는 영원한 기쁨을 누릴 수 있습니다.

오늘날 현대인들은 과도한 스트레스에 시달리고 있습니다. 다들 염려와 근심들, 번민들이 많습니다.

잠언 17장 22절에서 "심령의 근심은 뼈로 마르게 한다" 고 되어 있습니다. 근심이 많고 스트레스가 많으면 뼈도, 몸도 약해집니다.

그러나 그 모든 질병의 궁극적 치료약은 주님 안에서 기뻐하는 것입니다. 일상에서 주님을 믿고 바라보며 기뻐하는 것입니다.

생각이 많다는 뜻은 마음에 번민이 많다는 것입니다. 하지만 그러한 때에 주님의 위안이, 즉 사랑의 말씀을 통한 주님의 위로가 우리에게 임함으로 마음속에 기쁨이 가득해진다는 뜻입니다.

생각과 번민이 많을 때에 그것을 내 힘으로 해결하려고 하지 말아야 합니다. 하나님 앞에 그 모든 것을 기도로 내려놓고 맡겨야 합니다. 그러면 우리 삶에 주님의 위로와 돌보심이 가득하게 됩니다.

하나님께 맡기며 아뢰는 것이야말로 삶의 평안과 기쁨과 활력을 얻는 길입니다. 우리는 그렇게 하나님을 늘 의지하며 기쁘게 살아야 합니다.

종교개혁자 마르틴 루터는 우리 그리스도인들은 감사와 찬송으로 기쁨의 표현을 언제든지 할 수 있는 행복한 사람이라고 말했습니다.

그래서 그리스도인의 삶의 특징, 성령의 열매는 희락입니다. 주님 안에서의 건강한 기쁨입니다.

어느 교회에 머리가 벗겨지신 목사님이 부임을 했습니다. 목사님은 부임 인사를 하시면서 이렇게 인사말을 하셨습니다.

"성도 여러분! 제 머리가 많이 벗겨졌지요? 하나님은 저를 너무 사랑하

사람이나 사건을 보는 태도가 긍정적일 수록 인생은 더 기쁘게 됩니다. 기쁘게 사는 사람들은 하나님을 바라보며 긍정적인 생각과 관점을 갖고 삽니다. 심지어는 역경 속에서도 희망 중에 기뻐합니다. 고난이 오히려 나의 소망이 되었다고 고백했던 예레미야처럼 고백합니다.

별은 밤에 더 빛나는 법이라고 하면서 별빛 되시는 주님을 바라보며 살 때에 그 인생 가운데 아름다운 기쁨이 가득하게 되는 것입니다. 그러기에 우리는 낙심이나 좌절이 아니라 기쁨을 선택해야 합니다.

기쁨과 웃음은 모두를 복되게, 행복하게 만듭니다. 우리가 주님 안에서 기뻐하며 살면 나도 살고 주변도 다 삽니다.

세계적인 신앙 고전 '천로역정' 을 쓴 존 번연이 있습니다. 그는 어느 날 번민하는 마음이 많았습니다. 그런데 그날 동네 할머니 몇 분들이 양지 바른 곳에서 햇볕을 쪼이시며 이야기를 나누시는 것을 번연이 듣게 되었습니다. 할머니들은 기쁨이 가득 찬 얼굴로 하나님께서 자신에게 얼마나 좋은 은혜를 베푸셨는지를 서로에게 이야기하셨습니다.

"내게는 고난이 있지만 하나님께서 나를 사랑하시고 나를 구원하셨기 때문에 너무 기뻐!"

존 번연은 그러한 이야기를 들으면서 마음이 뜨거워지게 되었습니다. 그리고 그 자리에 엎드려 예수님을 영접하게 되었습니다. 위대한 작품 천로역정은 그렇게 시작된 것입니다.

하나님의 사랑과 구원의 은혜를 기억하며 늘 기쁘게 살 때에 다른 사람들을 주님께로 이끄는 축복의 통로가 됩니다.

매일 눈을 뜨자마자 "오늘 한 사람이라도 기쁘게 해 주어야지!" 라는 생각으로 활기차게 하루를 시작하기 바랍니다.

웃음은 햇빛과 같습니다. 기쁜 마음, 웃는 마음으로 살면 모두에게 양약이 됩니다. 행복의 보약이 되는 것입니다.

11절에는 "하나님이 모든 것을 지으시되 때를 따라 아름답게 하셨고 영원을 사모하는 마음을 주셨다" 고 되어 있습니다.

우리는 하나님의 인도하심을 다 측량할 수 없습니다. 다 이해할 수 없습니다. 그러나 확실한 것이 있습니다.

그것은 하나님께서 우리의 삶을 이 땅에서도 때를 따라 아름답게 하신다는 사실입니다. 그리고 우리에게 영원을 사모하는 마음과 함께 영원한 소망을 주셨습니다.

우리의 일상은 다 합쳐져서 최종적으로 저 영원한 구원으로 이어집니다. 우리의 삶은 주님 안에서 영원히 아름답게 되는 것입니다.

시편 16편 9절에서는 "주의 앞에는 기쁨이 충만하고 주의 우편에는 영원한 즐거움이 있나이다" 라고 했습니다.

하나님 안에 영원한 즐거움이 있기에, 그 영원한 천국과 승리를 바라보며 우리는 이 땅에서도 늘 기뻐하며 살 수 있는 것입니다.

고난 속에서도 주님을 바라보며 항상 기뻐하는 참된 부요함을 마음으로 누리고 전하며 살았던 것입니다.

하나님은 우리가 예수님 안에서 행복하게 살기를 원하십니다. 참 행복은 우리가 일상에서 주님을 바라보며 기쁨을 선택할 때 이뤄집니다.

주님 안에서 긍정적인 믿음으로 영원한 구원과 천국, 영원한 소망과 승리를 생각하시며 기뻐하시기 바랍니다.

20/당신은 웃을 때 가장 아름답다

"마음의 즐거움은 얼굴을 빛나게 하여도 마음의 근심은 심령을 상하게 하느니라 명철한 자의 마음은 지식을 요구하고 미련한 자의 입은 미련한 것을 즐기느니라 고난 받는 자는 그 날이 다 험악하나 마음이 즐거운 자는 항상 잔치하느니라

가산이 적어도 여호와를 경외하는 것이 크게 부하고 번뇌하는 것보다 나으니라 채소를 먹으며 서로 사랑하는 것이 살진 소를 먹으며 서로 미워하는 것보다 나으니라 분을 쉽게 내는 자는 다툼을 일으켜도 노하기를 더디 하는 자는 시비를 그치게 하느니라" (잠 15:13-18)

우리 몸에 뼈다귀가 중요하듯, 우리의 마음에는 깡다귀가 중요합니다. 아무리 단점이라도 그것이 하나님 안에서 장점이라 굳건히 믿으면 정말 장점이 됩니다. 그러기에 세상을 향해서 기죽지 않는 배짱과 깡다귀를 갖고 즐거운 마음으로 사명을 감당해야 합니다.

히딩크 감독은 선수들을 자주 격려해주면서 "훈련을 훈련으로 하지 말고 즐겨라"는 말을 많이 했다고 합니다.

무슨 일이든지 억지로 하는 것과 놀이를 하는 것처럼 즐기면서 하는 것에는 큰 차이가 있습니다.

즐기면서 일을 하면 그 일에 좋게 몰입이 되고 얼굴에도 빛이 나게 됩니다. 특별히 사랑으로 삶과 일들을 감당할 때 행복은 찾아오게 됩니다.

우리가 힘든 상황이지만 우리가 주님 안에서 즐거운 마음으로 일들을 감당한다면 우리 마음에 참 안식과 기쁨이 있게 됩니다.

잠언 15장 13절에는 "마음의 즐거움은 얼굴을 빛나게 하여도 마음의 근심은 심령을 상하게 하느니라" 고 되어 있습니다.

운동을 하면 땀이 나오지만 노동을 하면 욕이 나온다는 이야기가 있습니다. ^ ^ 운동이나 노동이나 둘 다 힘이 듭니다. 그러나 운동을 좋아하는 사람들은 그 수고를 기쁘게 감당 합니다. 아주 즐겁게 합니다.

축구나 배드민턴 등 운동을 좋아하는 사람들은 날마다 하루도 빠짐없이 경기장으로 갑니다. 너무나 즐겁게 운동을 합니다. 시간 가는 줄도 모르고 몰두하고 몰입해서 감당하는 것입니다.

실은 노동 역시 그렇게 즐겁게 감당할 수 있습니다. 노동의 가치를 알고, 즐겁게 긍정적인 마음으로 감당하면 그렇게 됩니다.

중요한 것은 어떤 마음으로 노동과 수고를 감당하느냐? 어떤 마음과 태도로 일을 감당하느냐? 그것이 중요합니다.

사람이 스트레스를 받게 되면 마음도, 몸도 상하게 됩니다. 그래서 사람은 스트레스를 잘 대처해야 합니다.

놀랍게도 부정적인 스트레스(distress)도 긍정적으로 잘 대처하면 놀랍게도 유스트레스 즉 우리 삶에 좋은 자극과 유익이 됩니다. 그런데 인생의 고수들은 바로 그러한 스트레스를 긍정적인 유스트레스(eustress)도 잘 전환시킵니다.

믿음의 긍정성을 갖고 삶의 달인으로 사는 사람들은 하나님의 그 말씀대로 오히려 역경들을 기쁘게 여기며 사는 것입니다.

그러기에 우리도 인생을 주님과 함께, 그리고 주님 안에서 즐겁게 사는 것을 계속해서 배워나가야 합니다.

마음의 즐거움은 얼굴을 빛나게 합니다. 얼굴이 빛난다는 것은 내면과 삶 전체가 아름답게 빛나게 된다는 뜻입니다. 그처럼 즐거운 마음으로 사는 것이 어디에서나 중요한 것입니다.

요즘 많은 사람들에게 회자되고 있는 웃음 십계명이 있습니다.

첫째, 크게 웃어라: 크게 웃는 웃음은 최고의 운동법이며 1분 동안 크게 웃는 것이 8일을 더 오래 산다.

둘째, 웃기지 않아도 억지로라도 웃어라. 병이 결국 무서워서 도망간다.

셋째, 아침에 일어나자마자 웃어라. 아침에 첫 번째 웃는 웃음이 보약중의 보약이다. 보약 열첩 보다 낫다.

넷째, 시간을 정해놓고 웃어라. 병에서 결국 놓임을 얻게 될 것이다. 다섯째, 마음까지 웃어라.

여섯째, 즐거운 생각을 하며 웃어라. 즐거운 웃음은 즐거운 일을 창조한다. 일곱째, 함께 웃어라. 혼자 웃는 것보다 훨씬 더 효과가 좋다. 여덟째, 힘들 때일수록 더 웃어라. 진정한 웃음은 힘들 때 웃는 것이다. 아홉째, 한번 웃고 또 웃어라. 웃지 않고 하루를 보내면 그만큼 하루를 낭비한 것이다. 열 번째, 꿈을 이뤘을 때를 상상하며 웃어라. 꿈과 웃음은 늘 같은 집에 산다.

건강한 즐거움은 하나님은 인간에게 주신 선물입니다. 사람이 건강한 즐거움과 웃음을 갖게 되면 전체 생활에 아주 좋은 유익을 얻게 됩니다. 몸에도 결정적으로 좋습니다.

의학자들은 기뻐하고 웃으면 3B에 결정적으로 좋다고들 이야기 합니다. Blood (피), Brain(뇌), Barrier(면역체), 기뻐하고 웃으면 뇌를 활발하게 활성화시켜주고 피도 잘 순환시켜주며 세균들을 막는 면역체도 강화시켜줍니다.

그래서 환자들은 치료도, 회복도 빠르게 됩니다. 학생들도 잘 웃으면 공부도 잘 됩니다.

생체 나이 연구로 유명한 마이클 로이진 박사는 평생토록 수백만 명에 달하는 사람들의 건강 통계를 연구했습니다. 그리고 내린 결론이 즐거운 마음으로 사는 것이 스트레스를 대처하는 최선의 방법이라고 결론을 내렸습니다.

즐거워하며 많이 웃고 사는 사람들이 최소 다른 사람들보다 6년 이상 생체 나이가 젊어진다고 했던 것입니다. 웃을 때 사람은 가장 아름다워지는 것입니다. 운동, 비타민, 강장제 보다 주님 안에서 즐거운 마음으로 사는 것이 모든 회복과 좋은 삶의 증진에 좋은 비결이 됩니다.

특히 우리가 이렇게 즐거운 마음으로 삶과 일과 사명을 감당하려면 무엇보다 성경적인 긍정성을 지녀야 합니다.

이스라엘을 정탐한 12명의 정탐꾼 이야기를 우리는 잘 알고 있습니다.

"하나님께서 우리와 함께 하시니 저들은 우리의 밥입니다. 하나님은 우리를 약속의 땅으로 반드시 인도해주십니다" 그렇게 외치며 나아갔던 갈렙과 여호수아를 하나님은 크게 기뻐하셨습니다.

'할 수 없음'의 씨앗을 마음 밭에 먼저 뿌리면 '할 수 있음'의 씨앗이 자라나기 힘듭니다.

그러나 '할 수 있음'의 씨앗을 항상 마음 밭에 뿌리고 살면 "할 수 없음"의 부정적인 씨앗이 들어오지 못합니다. 들어왔다가도 사그라지게 됩니다. 우리는 주님 안에서 할 수 있다는 믿음의 씨앗을 우리 마음과 생각과 삶 가운데 늘 뿌리며 살아야 합니다.

시편 68편 34절에서는 말씀합니다. "너희는 하나님께 능력을 돌릴지어다. 그의 위엄이 이스라엘 위에 있고 그의 능력이 구름 속에 있도다"

하나님의 능력이 구름 속에 있다는 말씀은 하나님의 그 통치하심과 능력이 우주적이라는 뜻입니다. 하나님은 초월적이신 분이시고 절대적인 능력과 권세를 만물을 다스리시는 분이시라는 뜻입니다. 그러하신 전능의 하나님은 말씀하셨습니다.

"너희가 노년에 이르기까지 내가 그리하겠고 백발이 되기까지 내가 너희를 품을 것이라 내가 지었은즉 내가 업을 것이요 내가 품고 구하여 내리라" (사 46:4)

하나님의 사랑과 돌보심이 있으니 우리는 내게 능력주시는 자 안에서 내가 모든 것을 할 수 있는 것입니다.

전주 완주군에 사시는 할머니가 계십니다. 그분은 운전면허 필기시험을 무려 949차례나 떨어지셨습니다. 그러나 운전 면허증을 반드시 따시겠다는 불굴의 투지를 갖고 결국 950번째로 도전하여 운전면허 2종 보통 필기시험에서 정확히 커트라인인 60점을 받아 합격의 기쁨을 그 할머님은 맛보셨습니다.

무려 950번 만에 말입니다. 말이 950번이지 할머니가 필기 합격을 위해 공들인 시간은 무려 5년에 달합니다. 계산해보니 합격을 위해들인 인지대만 500만원이 넘고, 시험장을 오가는 교통비와 식비 등을 합치면 필기

시험 통과에 1000만원이 넘는 돈이 들었습니다. 그러기에 그분께 필기시험 합격은 그야말로 대업을 달성하신 것에 해당됩니다.

신문에서 보니까 세상을 다 얻으신 것과 같은 모습으로 차 앞에서 만면에 웃음을 띠시고 사진을 찍으셨습니다.

그런데 정말 재밌는 사실을 발견했습니다. 그 할머님의 성함이 차사순 할머니였습니다. 차사순 할머님! 차씨 할머님이셨습니다 . ^ ^

"포기?! 배추포기인가? 포기 난 그런거 몰라. 세상에 안 되는 건 없으니께." 여러 모로 현재와 미래를 향해 긍정적으로 도전하고 즐겁게 순간순간 하나님 안에서 최선을 다하는 모습이 귀한 것입니다.

느헤미야 8장 10절에서는 말씀합니다. "여호와를 기뻐하는 것이 너희의 힘이니라"

하나님을 기뻐하는 것이 우리의 힘이 되고 영혼과 삶의 능력과 승리가 된다는 말씀입니다.

우리의 삶과 인생을 사랑으로 인도하시는 하나님 앞에 모든 것을 맡기면서 편안한 마음을 갖고 즐거웁게 살아야 합니다.

소설 '제인 에어'의 작가로 유명한 샬롯 브론테(Charlotte Bronte)는 그의 시에서 이렇게 노래했습니다.

"인생을 믿어라 그렇게 어두운 꿈만은 아니다. 현자들이 말하는 것처럼 흔히 조금 내리는 아침비가 화창한 날을 예고한다. 때로 어두운 구름이 끼지만 결국은 모두 다 지나간다.

하나님은 우리를 사랑하시며 우리와 함께 하십니다. 그러므로 우리는 하나님 안에서 즐거운 마음으로 인생을 살 수 있습니다.

힘들고 어려워도 우리는 하나님 안에서 기뻐하며 영원한 영광과 승리를 바라보며 나아갈 수 있습니다.

주님의 사랑과 인도하심을 믿고 바라보며 기뻐하면서 주님 안에서 계속해서 즐겁게 하루하루를 살아가고 귀한 사명을 감당하시기를 바랍니다.

5장 나눔을 위한 질문

1. 최근에 재미있었던 일이나 즐거웠었던 일이 있다면 어떤 것이었나요?

2. 사람이 기뻐하며 웃고 살 때 어떤 유익들이 있다고 생각하시나요?

3. 만일 우리 삶에 눈물, 기쁨, 웃음이 없다면 어떠할까요?

4. 가족이나 자녀, 이웃을 미소나 웃음으로 대할 때 어떤 결과가 있다고
   생각하시나요?

5. 기뻐하는 삶을 위해 우리가 실천할 수 있는 방안들은 무엇인가요?

 * 유머퀴즈 : 신경통 으로 고생하는 사람들이 싫어하는 악기는?

  (정답: 비올라^^)

6장 사랑
Love

21 / 인간에게는 사랑이 있어 행복하다

"사람이 친구를 위하여 자기 목숨을 버리면 이보다 더 큰 사랑이 없나니 너희는 내가 명하는 대로 행하면 곧 나의 친구라 이제부터는 너희를 종이라 하지 아니하리니 종은 주인이 하는 것을 알지 못함이라 너희를 친구라 하였노니 내가 내 아버지께 들은 것을 다 너희에게 알게 하였음이라 너희가 나를 택한 것이 아니요 내가 너희를 택하여 세웠나니 이는 너희로 가서 열매를 맺게 하고 또 너희 열매가 항상 있게 하여 내 이름으로 아버지께 무엇을 구하든지 다 받게 하려 함이라 내가 이것을 너희에게 명함은 너희로 서로 사랑하게 하려 함이라" (요 15:13-17)

요즘 사람들은 영어공부를 열심히 합니다. 그렇다면 영어공부를 할 때 늘 영어로만 된 신문이나 뉴스만을 계속해서 보면 어떻게 될까요? 답은 "세상이 어떻게 돌아가는 줄 모르게 됩니다". ^ ^

우리는 열심히 공부해야 합니다. 특히 성경을 통하여 우리는 참된 사랑이 어떤 것인지를 열심히 공부해야 합니다.

　행복한 사람은 성숙을 추구하고 자신을 소중히 여기며 사랑합니다. 행복한 사람은 긍정적 희망에 차 있고 작은 일에 감사합니다. 또한 행복한 사람은 긍정적인 기쁨을 선택하고 사랑하는 삶을 선택합니다.

　사랑하지 않고 행복한 사람은 없습니다. 사랑하며 살 때 사람은 행복해집니다. 사랑하는 사람들과 함께 사는 것은 행복의 필수 요건입니다.

　사람은 사회적인 존재입니다. 하나님은 사람을 만드시고 "혼자 있는 것이 좋지 못하다" 고 하셨습니다.

　한자어에서 사람 인(人)자도 서로 기대고 있는 모습입니다. 하나님은 사람을 원래부터 더불어 사는 존재로 만드셨습니다. 그래서 인간은 소속감과 사랑에 대한 근본적인 욕구를 갖고 있습니다.

　저기 안성사람들을 안성댁, 목포사람은 목포댁, 부산 사람은 부산댁이라고 합니다. 그러면 암탉들을 뭐라고 할까요? 답은 꼬꼬댁입니다 . ^ ^ 우리는 이 댁, 저 댁 서로 아껴주며 하나님 안에서 함께 고통과 기쁨을 나눌 때에 행복해지는 것입니다♥

　사람은 처음부터 사랑의 유대관계를 맺고 삽니다. 맨 먼저 아기는 모태에서 어머니와 연결됩니다.

　아기 때에도 부모님과 사랑의 애착관계, 즉 안정적인 애착(attachment)이 잘 이뤄지면 정서적으로 만족하게 됩니다. 그리고 사회 적응력, 자존감, 대인관계, 리더십 등 모든 면에서 좋은 결실이 있게 됩니다.

　이후 사람은 유아기와 아동기, 청소년기, 장년, 노년기에도 사람은 계속해서 타인과 사랑의 유대를 맺으며 삽니다.

특히 인간관계에서 가장 만족스럽고 행복한 관계는 민주적인 관계입니다. 서로를 존중히 여기는 민주적 관계, 인격적 관계를 통해 사람은 건강한 마음, 행복한 마음을 갖게 됩니다.

요한복음 15장 15절에서 예수님은 제자들에게 말씀합니다. "이제부터는 너희를 종이라 하지 아니하리니 종은 주인의 하는 것을 알지 못함이라 너희를 친구라 하였노니"

예수님은 제자들에게, 그리고 우리에게 나는 너의 친구라고 하셨습니다. 주님은 우리를 사랑하시는 우리의 영원한 친구이십니다.

주님은 사람들을 대하실 때 지배와 종속 관계로 대하시지 않았습니다. 인격적인 사랑의 관계로 사람들을 대하셨습니다. 지배와 종속 관계에서는 참 기쁨과 행복을 누리지 못합니다. 그러기에 주님은 우리의 친구요 우리의 가족이 되어 주셨습니다.

어떤 90세 할머님이 70세 되시는 아드님과 함께 전철을 타러 매표소로 가셨습니다. 창구에 대고 할머님이 표를 달라고 하시면서 이렇게 외치셨습니다. "어른하나 애 하나요!". ^ ^

나이가 들어도 어머니한테 자식은 아이입니다. 가까운 사이는 그렇게 끝까지 친밀합니다♥

친구라든지 가족 관계에서는 숨기는 것이 없습니다. 서로를 그대로 받아줍니다. 그래서 쉼이 있습니다. 좋고 편합니다. 기쁨과 행복이 있습니다.

사랑의 관계에서는 자기를 꾸밀 필요도 없습니다. 서로의 모습 그대로를 이해합니다. 주님은 우리 연약한 모습 그대로, 부족한 모습 그대로를 다 아시고 품어주십니. 그래서 우리를 사랑하시는 주님의 그 사랑 안에는 참된 평안이 있고 참된 기쁨과 행복이 있습니다.

특히 하나님께 나의 마음을 열어 나의 힘든 점, 고민, 아픔 등 하나님께 모든 것을 아뢰는 것이 기도입니다.

빌립보서 4장 6절에서 말씀합니다. "아무것도 염려하지 말고 오직 모든 일에 기도와 간구로 너희 구할 것을 감사함으로 하나님께 아뢰라. 그리하면 모든 지각에 뛰어난 하나님의 평강이 그리스도 예수 안에서 너의 마음과 생각을 지키시리라"

우리 마음을 열고 하나님께 기도로 아뢸 때 우리 문제들이 실제적으로 해결될 뿐만 아니라 먼저는 우리 마음에 평강이 임합니다.

인간관계에서도 친밀 하게 되면 마음을 열고 대화를 나누게 됩니다. 자기 개방을 하게 됩니다. 마음의 고민도, 어려움도 이야기합니다. 기쁨과 슬픔의 감정을 나눕니다. 서로 마음을 열고 이야기를 나누면 얼마나 좋은지 모릅니다. 우리 마음과 삶이 하나님 안에서 회복되고 강건하게 되고 서로 간에 사랑이 꽃피게 되는 것입니다.

우리는 가족들과 먼저 이야기를 풍성히 나누어야 합니다. 그중에서도 역시 배우자와의 대화가 중요합니다.

주로 여성들이 남성들보다 대화를 많이 나눕니다. 남자들은 함께 운동을 하거나 활동을 함께 함으로 친해진다면 여성들은 서로 대화를 많이 나눔으로 풍성한 우정을 나누곤 합니다.

그러기에 부부 간에 대화를 풍성히 나누어야 합니다. 부모와 자녀 간에, 가족 간에, 나아가 교우 간에 풍성한 대화를 나누어야 합니다.

요즘 경제 전체가 어렵습니다. 이와 같은 시기에는 하나님께 더더욱 아뢰며 기도하는 것이 중요하고 나아가 가족과 지체들과 함께 대화도 나누고 서로 사랑하며 격려하는 것이 중요합니다.

가정에서든, 어디에서든 서로 아껴주고 사랑하면 모든 것을 극복할 수 있습니다. 하나님 안에서 우리의 가족과 주변 사람들과 사랑의 관계를 잘 맺고 살면 모든 면에서 유익합니다. 축복이 됩니다.

사랑은 우울증, 질병, 심지어 생명을 치료하는 최고의 좋은 약입니다. 어떤 사람은 인간관계를 개선하자 조울 증이 말끔히 사라졌습니다.

어디에서든지 따뜻한 사랑의 인간관계를 잘 맺고 살면 정신적, 육신적 건강이 크게 증진되고 개선된다는 것이 이미 밝혀졌습니다.

하나님 안에서 사랑하며 살면 면역 기능이 강화되고 암과 혈관 질병 등으로 사망할 확률이 낮아지며 나이에 비해서 정신적, 육체적으로 건강하게 된다는 것이 이미 입증되었습니다.

그래서 자신의 인간관계가 만족하며 원만하다고 평가하는 사람들은 삶 전체를 행복하다고 평가합니다.

또한 조사에 의하면 직업적인 성공이나 수입, 개인적 명예나 권력을 더 중시 여기는 사람들은 좋은 인간관계를 중시 여기는 사람보다 두 배 정도 불행하다고 생각하거나 아주 불행하다고 응답하였습니다.

물질적인 성공이 행복의 결정적 요소가 아닙니다. 참 사랑의 관계가 인생을 행복하게 만드는 것입니다. 우리는 하나님을 사랑하고 이웃을 사랑하는 삶을 제일로 여겨야 합니다. 사랑의 삶이 가장 중요합니다.

"믿음, 소망, 사랑 이 세 가지는 항상 있을 것인데 그 중에 제일은 사랑이라"(고전 13:13)

잠언 10장 12절에서는 "사랑은 모든 허물을 가리 운다"고 하였습니다. 베드로전서 4장 8절에서도 "무엇보다도 열심으로 서로 사랑할지니 사랑은 허다한 죄를 덮느니라"고 하였습니다.

야고보서 2장 8절에서는 "너희가 만일 성경에 기록한 대로 너의 이웃 사랑하기를 네 몸과 같이 하라 하신 최고한 법을 지키면 잘하는 것이라"고 하셨습니다.

우리가 이웃을 사랑하며 살면 하나님께서 보시고 "참 잘한다" 하시며 기뻐하십니다.

 베드로전서 3장 8절에서도 "형제를 사랑하며 불쌍히 여기며 겸손 하라"고 하시면서 형제 우애에 사랑을 공급하라고 하셨습니다. 고린도전서 16장 14절에서 "너희 모든 일을 사랑으로 행하라"고 하셨습니다. 성경전체가 사랑을 강조합니다.

 주님은 하나님과 이웃 사랑이 율법과 선지자의 대 강령이며 모든 것의 핵심이라고 말씀하셨던 것입니다.

 사람들은 참 사랑을 갈망합니다. 사랑을 위해 살고 죽기도 합니다. "사랑이 뭐 길래?"라는 드라마 제목처럼 정말 "사랑이 뭐 길래?" 그럴까 할 정도로 사랑은 인생에 있어서 가장 중요합니다.

 우리는 일보다, 그 어떤 성공보다 사랑을 제일로 여겨야 합니다. 주님 안에서 인간관계를 제일로 여겨야 합니다.

 사랑의 인간관계를 맺기 위해 늘 기도해야 합니다. 하나님의 은혜와 도우심을 구해야 합니다. 그것이 주님의 뜻입니다.

 그런데 꼭 기억해야 할 것이 있습니다. 사랑하는 삶이 그렇게 중요한데 사회에는 사랑을 배우는 전문 과정이 없다는 것입니다.

 어떻게 사랑해야 하는지 가르치지 않습니다. 세계적인 학자 에릭 프롬은 누구든 사랑의 기술을 배워야 한다고 하였습니다.

자녀와의 대화도 쉽지 않습니다. 사랑으로 인내하는 것이 필요합니다. 그래도 사랑으로 자꾸 축복해주어야 합니다.

대화법도, 이야기 법도 자꾸 연습하고 배워야 합니다. 서로 사랑으로 대화를 나누며 함께 기도할 수 있어야 합니다.

의사가 아무리 상대방을 고쳐주려는 열정이 대단해도 만약 치료하는 기술을 배우지 않으면 고칠 수 없습니다.

사랑하는 삶에도 뜻이나 열정 갖고만 되지 않습니다. 사랑하는 마음과 인격, 기술을 배워야 합니다. 사랑하려면 상대방의 성격과 남녀 차이, 가치관, 기호에 대한 이해, 그리고 대화 및 문제 해결 기술이 필요합니다.

경청하며 감정을 전달하는 법과 표현하는 법, 서로 간의 차이를 이해하고 수용하는 법을 배워야 합니다. 우리는 계속 함께 배워나가야 합니다.

하나님은 성경을 통해 사랑하는 법을 우리에게 가르쳐주셨습니다. 주님께 은혜와 도우심을 구하며 나아갈 때 주님 안에서 우리는 성숙한 사랑의 제자, 행복한 하나님의 사람들이 되게 될 것입니다.

하나님은 사랑하며 사는 심령들의 삶과 그 인생을 아름답게 내려다보십니다. 그리고 친히 은총의 햇살을 비추어주십니다.

하나님 안에서 함께 웃으면서 사랑하는 가정과 교회, 함께 섬기며 사는 삶들을 보시며 친히 아름답다고 하십니다.

행복은 주님 안에서 가정에서부터, 교회에서부터, 우리가 있는 곳곳에서부터 풍성하게 시작이 됩니다. 주님께서 우리와 함께 하시기 때문입니다. 우리를 인도하시기 때문입니다.

어떤 역경과 난관이 있을지라도 곳곳에서 이 사랑의 길, 행복의 길을 주님을 따라, 주님과 함께 영원토록 걸어가는 생애가 되시기를 바랍니다.

22 / 자신을 내려놓는 것이 사랑의 시작이다

"에서가 눈을 들어 여인들과 자식들을 보고 묻되 너와 함께 한 이들은 누구냐 야곱이 이르되 하나님이 주의 종에게 은혜로 주신 자식들이니이다 그 때에 여종들이 그의 자식들과 더불어 나아와 절하고 레아도 그의 자식들과 더불어 나아와 절하고 그 후에 요셉이 라헬과 더불어 나아와 절하니 에서가 또 이르되 내가 만난 바 이 모든 떼는 무슨 까닭이냐 야곱이 이르되 내 주께 은혜를 입으려 함이니이다 에서가 이르되 내 동생아 내게 있는 것이 족하니 네 소유는 네게 두라 야곱이 이르되 그렇지 아니하니이다 내가 형님의 눈앞에서 은혜를 입었사오면 청하건대 내 손에서 이 예물을 받으소서 내가 형님의 얼굴을 뵈온즉 하나님의 얼굴을 본 것 같사오며 형님도 나를 기뻐하심이니이다" (창 33:5-10)

선생님이 수업시간에 늘 딴청을 많이 하는 어떤 아이의 아버지를 모셔놓고 학부모 면담을 했습니다. 선생님은 이렇게 물었습니다. "혹시 아드님을 대하시면서 문제가 있는 것을 눈치 채지 못하셨나요?" 그러자 아버지는 벽 쪽을 가리키며 이렇게 물었습니다. "선생님, 그런데 저기 있는 창틀이 알루미늄 창틀인가요?" ^ ^

자신을 내려놓고 서로를 이해하며 대할 때 사랑은 시작됩니다♥

한 여론 조사업체가 직장인들에게 가장 힘든 일이 무엇인지 조사했습니다. 그것은 월급 문제도, 업무 문제도 아닌 인간관계 문제였습니다.

인간관계가 어려우면 여러모로 힘이 듭니다. 인간관계가 원활해야 인생 전체가 원활해집니다.

인간관계에 있어서 하나 더하기 하나는 둘이 아닙니다. 잘 합쳐지면 그 이상의 놀라운 상승효과, 행복효과가 나타납니다.

관계가 원만해서 두세 사람의 마음이 잘 합쳐지면 하늘의 별처럼, 바다의 모래처럼 헤아릴 수 없는 좋은 결실들이 많이 이뤄집니다. 기쁨도 생기고, 생산성도 생기고 좋은 결실들이 많게 됩니다.

관계가 원활하면 덧셈이나 곱셈보다 더 효력 있는 제 3의 힘, 주님 안에서 기적과 같은 일들이 생깁니다.

가정에서도 그렇습니다. 옛날에는 넉넉지 못했지만 정감이 많았습니다. 초코파이 하나만 있어도 좋았습니다. 초코파이에 정이라고 쓰여 있지 않습니까? 산도라고 아시나요? 동글해서 아주 정감 있는 과자입니다.

아주 어렸을 적만 해도 흔히 껌을 씹다가 버리기가 아까워 방벽에다가 붙여 놓으면 조금 있다가 다른 사람이 와서 떼어서 먹었습니다. 저도 몇 번 붙였다가 떼어 먹은 기억이 납니다. ^ ^

그러나 그래도 그 때가 정도 많고 인심도 많았습니다. 또 어린 시절 친구들하고 달고나 해서 나눠 먹고, 구슬치기, 딱지치기 했던 추억들이 생각납니다. 그때가 제일 행복했던 시절입니다.

요즘은 훈훈함이 많이 사라졌습니다. 사랑의 관계가 곳곳에서 회복되어야 합니다. 거기에 행복이 있고 주님께서 기뻐하시는 것입니다.

그렇다면 하나님의 뜻대로 인간관계를 잘 맺는 길은 무엇일까요?

창세기 33장에는 성경에서 가장 아름다운 장면 중의 하나가 나옵니다. 당시 야곱에게는 인생의 최대 숙제가 있었습니다. 그런데 창세기 33장에서 그 문제가 풀립니다. 형과 화해하게 되었던 것입니다.

전에 야곱은 형 에서를 속이고 장자 권을 가로챘습니다. 이후 형을 피해 먼 이국땅으로 도망을 쳤습니다. 그리고는 거기에서 20년이 넘도록 지내다가 다시 돌아오게 되었던 것입니다.

그 동안 야곱은 하나님의 도우심으로 많은 가족들을 거느리게 되었고, 풍성한 재물도 얻게 되었습니다.

그러나 에서와의 분쟁이 해결되지 않는 한 그가 얻은 가족들, 자녀들, 재물도 소용이 없었습니다. 너무나 위태로웠던 것입니다.

인간관계의 분쟁과 전쟁 때문에 모든 것이 물거품이 된 일이 역사 속에 많았습니다. 그만큼 관계가 잘 이뤄지기가 힘든 것입니다.

그런데 야곱이 돌아온다고 하자 아니나 다를까 에서가 400명의 군사를 데리고 나왔습니다.

그리고 야곱은 그 소식을 듣게 됩니다. 야곱의 마음이 얼마나 답답하고 힘들었겠습니까? 성공과 부귀를 얻었어도 소용이 없습니다. 인간관계가 극도로 어렵게 되면 이처럼 되는 것입니다.

이러한 상황에서 야곱은 어떻게 문제 해결을 받게 되었을까요? 그 해결의 길은 우리 삶에도 그대로 적용이 됩니다.

야곱은 먼저 하나님과의 관계를 회복했습니다. 야곱은 에서를 만나기 전 얍복강가에서 밤새도록 하나님께 몸부림치며 기도했습니다.

그동안 자기 욕심대로, 자기 힘으로 살았던 것들을 철저하게 회개합니다. 하나님 앞에 두 손 들고 항복했던 것입니다.

야곱은 자기중심적인 죄악을 내려놓았습니다. 자기중심에서 하나님 중심으로 그 마음을 돌이켰던 것입니다.

자기 힘으로 살려고 하는 것처럼 피곤한 것은 없습니다. 인생은 마치 드넓은 바다를 헤엄쳐 저쪽 편으로 건너가는 것과 같습니다.

그런데 자기 힘으로 헤엄쳐 가려 한다면 얼마나 힘이 듭니까? 자기 힘으로 헤엄쳐 가는 길에는 온갖 외로움이 가득합니다.

그러다가 감사하게도 큰 배를 만나 그 배를 탔다고 생각해보시기 바랍니다. 그 이후에는 평안과 쉼이 있고 참된 자유가 있는 것입니다.

우리 힘으로 인생의 바다를 건너려면 다 좌절합니다. 그러나 진정한 방주가 되시는 예수님을 만나 그분께 우리를 맡기면 평안이 있습니다. 결국 폭풍우를 이기고 소망의 항구로 들어가게 되는 것입니다.

로마서 15장 13절에서 말씀합니다. "소망의 하나님이 모든 기쁨

인생 말년에 섬에 유배되었던 나폴레옹에게 어떤 사람이 이런 질문을 했습니다. "당신이 가장 행복했던 순간은 언제였습니까?"

그 때 나폴레옹은 "내가 알프스 산맥을 넘을 때였지! 전투가 그친 주일 아침에 교회 종소리를 듣고 교회에 가서 예배를 드리면서 나는 눈물을 흘렸어. 평화가 온 거야! 예배드리는 그 순간, 그 때만은 어디에서 얻을 수 없는 평화가 있었어!" 라고 대답을 했다고 합니다. 그러나 안타깝게도 나폴레옹은 하나님을 떠나 살았던 것입니다.

하나님의 품을 떠나서는 평화가 없습니다. 하나님의 품 안에 있을 때에만 참 평안이 있는 것입니다.

야곱은 돌이켜 하나님 품 안에 거하게 되었던 것입니다. 그리고 야곱이 그 지역을 브니엘이라고 이름 붙입니다. 그 뜻은 하나님의 얼굴이라는 뜻입니다. "내가 이제야 하나님의 얼굴을 뵈었고, 하나님을 만나게 되었다" 는 뜻입니다. 이 브니엘이 바로 야곱의 모든 문제를 푸는 열쇠가 된 것입니다. 사람은 누구든 그 인생에서 하나님을 만나야 합니다.

놀라운 것은 하나님과의 관계가 회복되니까 어떤 일이 생겼을까요? 완강했던 형 에서와 극적인 화해가 이뤄지게 됩니다.

33장 19절에 보면 야곱이 형을 향해 "내가 형님의 얼굴을 뵈온 즉 하나님의 얼굴을 본 것 같사오며" 라고 고백합니다.

형의 얼굴이 하나님 얼굴 같다는 말은 괜한 말이 아니었습니다. 야곱의 눈에는 형에서의 얼굴이 하나님 얼굴처럼 온화하게 보였습니다.

어떻게 그런 일이 생겼을까요? 하나님을 만난 이후 야곱의 마음이 새로워졌고, 그의 눈이 새로운 눈이 된 것입니다.

이전에 야곱은 굉장히 경쟁적어서 사람들을 볼 때 경쟁 대상으로, 그리고 자기의 목적을 이룰 수단으로 보았습니다.

그러나 하나님의 얼굴을 뵙고 난 다음에 그는 사람 안에 하나님의 형상이 있음을 보게 됩니다. 자기중심적이던 마음이 사랑하는 마음으로 변하니까 상대방을 수단이 아닌 소중한 목적으로 보게 되었던 것입니다.

실제로 내 마음이 변하면 상대방이 좋게 보입니다. 우리는 흔히 인간관계에서 상대방이 먼저 변화되기를 바랍니다. 그래서 안 변하면 상대방을 탓합니다. 그러나 거기에는 사랑의 관계가 이뤄지지 않습니다. 먼저 나의 마음이 하나님 안에서 아름답게 변하면 됩니다. 그러면 상대방도 사랑 안에서 변하는 것입니다.

내가 먼저 사랑의 사람이 되면 거기에 화해가 있고 건강한 관계가 있게 됩니다. 가정에서도, 직장에서도, 어디에서든 그렇게 됩니다.

야곱의 마음이 변하니까 에서 마음도 변한 것입니다. 야곱이 하나님의 얼굴을 뵈오니까 에서에게서 하나님의 얼굴이 나타났던 것입니다.

얼마나 절묘합니까? 브니엘이 또 다른 브니엘을 낳았습니다. 하나님과의 화목이 인간관계에서의 화목으로 이어졌습니다.

잠언 16장7절에서 말씀합니다. "사람의 행위가 여호와를 기쁘시게 하면 그 사람의 원수라도 그로 더불어 화목하게 하시느니라."

하나님을 만나면 곳곳에 하나님의 얼굴빛이 비추게 됩니다. 하나님의 얼굴빛이 임하면 결국 됩니다. 영혼이 회복되고, 우리의 삶과 가정과 앞길 위에 빛 된 승리가 펼쳐지게 됩니다.

또 하나 중요하게 생각해야할 것이 있습니다. 그것은 자존심 문제입니다. 사람이 하나님을 만나기 전에는 자기 자존심이 전부입니다.

그러나 하나님을 만나면 헛된 자존심이 깨지게 됩니다. 하나님의 영광을 추구하는 것이 중요한 것이지 내 영광을 추구하는 것이 중요하지 않게 됩니다. 그러면서 마음의 자유와 평안이 깃들게 됩니다. 자연적으로 인간관계도 아름답게 복원되는 것입니다.

야곱은 브니엘에서 자신을 향하신 하나님의 사랑을 알게 된 이후, 그리고 영원한 하나님 나라의 승리자, 이스라엘로 변화된 후, 자기의 자존심을 위해 살아갈 필요를 못 느꼈습니다.

전능하신 하나님, 살아계신 하나님은 함께 하시고 소중히 여기시며 사랑으로 인도하시는데 어떤 결핍이나 부족함이 문제가 되겠습니까?

그래서 야곱은 자기 자존심을 위해 삶을 내려놓게 됩니다. 형과의 관계에서도 백번 천 번 절을 해도 괜찮다고 생각합니다.

실제로 33장 3절 보면 형을 보자마자 일곱 번 땅에 굽히며 형에게 절을 합니다. 원래 일곱 번 절하는 것은 죽을 중죄인이 왕 앞에서 석고대죄 할 때 하는 행동입니다. 쌍둥이 형한테 할 행동은 아닙니다.

그럼에도 야곱은 자존심을 다 버리고 부복합니다. 이것은 비굴한 것이 아니라 그에게 자신을 낮출 수 있는 사랑의 능력이 임한 것입니다.

생각해보면 일곱 번 절해서 화해가 된다면 왜 그것을 못하겠습니까? 세상에서 가장 하기 쉬운 방법은 엎드리는 것입니다.

어떤 사람이 일곱 번 절하면 예수님을 잘 믿겠다고 한다면 밤을 지새워서라도 얼마든지 절할 수 있습니다. 엎드리기만 하면 영혼을 얻을 수 있다고 하는데 그것을 왜 마다하겠습니까?

야곱 역시 자존심을 내려놓는 법을 체득한 이후 에서와의 관계가 회복되었을 뿐만 아니라 그를 통해 열두지파가 계속해서 이뤄지는 축복의 통로가 되었습니다.

야곱의 말씨도 보면 얼마나 많이 바뀌었는지 모릅니다. 33장에 보면 야곱이 하는 말 한마디 한마디가 어쩌면 그렇게 상대방을 존중하는 정중하고도 귀한 말인지! 감탄이 됩니다.

상대방을 칭찬하고 격려하는 말이 입에 붙은 사람은 사람들을 얻게 됩니다. 인간관계가 풍성해지며 행복이 넘칩니다.

우리는 가족들에게도 격려와 칭찬을 많이 해주어야 합니다. 밥상을 나르는 아내를 보면서 "여보! 밥상을 날라주는 모습이 너무 보기 좋아!" 그래야 됩니다. 그러면 평생 그 말을 잊지 못합니다.

그런데 아내를 칭찬한답시고 밥상을 나르는 아내에게 "당신은 힘이 아주 세!" 그러면 아내한테 혼나는 것입니다 . ^ ^

또한 11절에서도 에서에게 선물을 건네는 모습이 얼마나 정중한지 모릅니다. 결국 야곱은 자존심 문제가 하나님 안에서 해결되면서 생각도, 말도, 태도도 다 아름답게 변화되었습니다.

하나님에 의해 환도 뼈가 꺾여 절뚝거리면서 왔지, 자세도 공손하지 하니까 에서의 마음이 녹게 되고 동생을 향한 사랑이 생겼던 것입니다.

에서가 5절에서 뭐라고 하나요? 에서가 "눈을 들어 여인과 자식들을 보고 녀와 함께 한 이들은 누구이냐?"

그러나 진정으로 사랑하면 상대방 가족들의 형편에 대해서도 염려해주고 그렇게 되는 것입니다. 에서의 마음속에 동생을 향한 긍휼이 생긴 것입니다. 야곱과 에서와의 인격적인 관계가 아름답게 이뤄지면서 야곱은 이제 영원한 승리자로서의 길을 걸어가게 되었던 것입니다. 아니 이미 그 위대한 승리는 하나님의 얼굴을 뵈었던 곳, 즉 회개하면서 하나님을 만난 그 브니엘에서 시작된 것입니다.

철학자 마틴 부버는 우리의 인간관계는 '그것과 그것의 관계' 즉 서로를 수단으로 여기는 비인격적인 관계가 되면 안 된다고 하였습니다.

서로의 인격을 존중히 여기는 "나와 너" 와의 관계가 될 때 행복과 기쁨이 있는 것입니다.

하나님은 우리가 좋은 인간관계를 맺으며 살기를 원하십니다. 성숙한 믿음이란 인간관계 속에서 열매 맺는 신앙입니다. 그럴 때에 하나님은 기뻐하십니다. 하늘의 은총이 가득하게 됩니다.

그러려면 먼저 하나님과의 관계가 회복되어야 합니다. 돌이켜 하나님을 만나면 우리 자신이 변화됩니다. 하나님의 얼굴빛이 임합니다. 그러면 회복은 우리 삶 가운데 시작됩니다.

또한 우리는 십자가를 지신 주님을 따라 내 자존심을 내려놓아야 합니다. 그리고 성도의 능력은 비로소 거기에서 나타납니다.

23 / 더 사랑하는 것 외에는 치료법이 없다

"노아가 농사를 시작하여 포도나무를 심었더니 포도주를 마시고 취하여 그 장막 안에서 벌거벗은지라 가나안의 아버지 함이 그의 아버지의 하체를 보고 밖으로 나가서 그의 두 형제에게 알리매 셈과 야벳이 옷을 가져다가 자기들의 어깨에 메고 뒷걸음쳐 들어가서 그들의 아버지의 하체를 덮었으며 그들이 얼굴을 돌이키고 그들의 아버지의 하체를 보지 아니하였더라" (창세기 9:20-23)

어린 자녀와 함께 차를 타고 외곽으로 다니다보면 종종 난처한 일이 발생하곤 하였습니다.

답은 아이가 소변을 마려워 할 때입니다. 그러면 아이가 급해 할 때는 옆의 갓길에다 차를 멈추어서 볼 일을 보게 해야 합니다. 그런데 차가 많이 지나는 곳에서 아이가 쉬를 하면 아이는 창피해합니다.

그러면 어떻게 해주어야 할까요? 차로 가려주던지, 웃옷을 벗어서 우리 아이를 잘 가려주어야 합니다.

이전에 그런 광고 CF도 있었습니다. 어떤 아빠가 아빠의 웃옷으로 아이를 가리어 주면서 지나가는 차를 향해 미소를 짓는 그 아빠의 모습, 그 아빠와 아이의 모습은 참으로 행복해 보이는 그 모습이었습니다. 이처럼 상대방의 연약함을 덮어줄 때 인생은 행복해집니다.

경험 많은 어떤 의사가 환자들을 사랑으로 대하며 치료할 때 가장 효과적이라고 하면서 만일 사랑으로 해도 환자들이 치료를 수용적으로 받아들이지 않으면 더 사랑하는 길 외에는 치료법이 없다는 말을 하였습니다. 사랑 외에는 길이 없는 것을 잘 알았던 것입니다.

창세기 9장에는 아버지의 부끄러운 모습이 나오게 됩니다. 여기에 부끄러운 모습으로 등장하는 이 아버지는 그 유명한 노아입니다.

노아는 대홍수에서 살아남은 사람입니다. 노아는 당시 인류의 대 심판 가운데에서도 생존할 수 있었던 하나님께 큰 은혜를 받았던 사람, 하나님 앞에서 의인이요 완전한 자라고 칭함을 받았던 그런 사람이었습니다.

그런데 그랬던 노아가 어이없는 실수를 범하게 됩니다. 그것은 창세기 9장 20절에 보면 그가 홍수 이후에 포도를 재배하게 되면서 포도주를 만들게 되었고 하루는 그 포도주를 잔뜩 마시게 되면서 실수를 하게 되었던 것입니다.

그런데 이 광경을 노아의 세 아들, 셈과 함과 야벳이 보게 됩니다. 그런데 주목할 것은 첫째 아들 셈과 막내 야벳은 아버지 노아의 그 부끄러운 모습을 보고 그 허물을 덮어주었습니다.

왜 셈과 야벳은 옷을 어깨에 메고 뒷걸음치면서 잠든 아버지께로 갔을까요? 아버지의 부끄러운 모습을 안 보려고 그렇게 했습니다.

이전에 왕의 방에서 신하가 나갈 때는 어떻게 했냐면 늘 고개를 숙이고 뒷걸음쳐서 나갔습니다. 왕을 가장 존중히 여기는 마음의 표시였습니다.

셈과 야벳도 마찬가지로 아버지를 가장 존중히 여기는 마음으로, 차마 아버지의 부끄러운 모습을 볼 수가 없어서 조심조심 뒷걸음쳐서 자기들의 옷으로 아버지의 부끄러움을 덮어주었던 것입니다.

아버지를 향한 이 셈과 야벳의 이 행동은 나중에 크게 칭찬을 받고 이것 때문에 그들은 많은 복을 얻게 됩니다.

왜냐하면 셈과 야벳의 이 마음과 행동은 하나님보시기에 아름다운 것이었기 때문입니다. 사람이 누군가의 허물과 연약함을 덮어준다는 것은 그 사람을 사랑하고 깊이 배려하는 데에서 나오는 것입니다.

세종대왕이 집현전에서 늦도록 연구하다가 잠든 신하를 보고 자신이 입고 있던 곤룡포를 벗어서 덮어주고 나왔다는 유명한 일화가 있습니다. 그것 때문에 그 신하가 평생 못 잊어 합니다. 그러한 행동은 상대방을 가장 아끼고 존중히 여기는 마음에서 우러나온 것이기 때문입니다.

물론 상대방의 허물을 덮어주어야 한다고 말할 때 이른바 그냥 "좋은 게 좋은 거야!"라는 식으로 덮어주라는 것은 아닙니다. 상대방이 계속해서 죄를 짓고 잘못을 범하고 있는데도 관심을 갖고 교정해 주려 하지 않고 귀찮아하는 마음이나 무관심한 마음으로 대하는 것은 오히려 상황을 더욱더 악화시킬 수 있습니다.

반면에 또한 상대방의 허물을 들추어내고, 사랑 없는 마음으로 비난하거나 험담하는 것 역시 옳지 않은 것입니다. 그러니까 이 양극단은 다 옳지 않은 것입니다.

특히 함의 경우는 아버지의 허물을 덮는 데에도 동참하지 않았을 뿐만 아니라 22절을 보면 "그 형제들에게 고하였다"고 되어 있습니다. 고하였다는 것은 그냥 말했다는 정도가 아닙니다. 원 뜻을 보면 경멸과 조롱의 태도로 떠벌렸다는 의미입니다.

인터넷에서는 서로 조롱하고 다투는 말들로 가득 차 있습니다. 게시판에서 그런 식의 예를 재미있게 하나 들어 보겠습니다.

어떤 사람이 그냥 별 생각 없이 "어제 중국집 가서 자장면 시켜 먹었는데 정말 맛있었습니다!"

그러면 "아! 그러세요? 저도 자장면 먹고 싶네요." 그렇게 반응하면 아무 다툼이 없습니다. 그런데 게시판에 그런 리플이 올라오기 시작합니다. "자장면이 뭐가 맛있어요? 우동이 훨씬 맛있어요."

그러면 그냥 넘어가면 되는데 꼭 다시 재 반론합니다. "맛을 안다면 자장면이죠!" 어투가 강해집니다. '안다면'이라는 논증적 말투가 등장하게 됩니다.

그러면 반대편에서는 그럽니다. 그렇다면 "우동 먹는 사람은 맛을 모른단 말인가요?" 말꼬리를 잡기 시작하면서 감정적으로 변합니다.

그러면서 "짜장은 느끼한 것 그 자체가 아닙니까? 본질을 아셔야죠?" 즉 상대가 좋아하는 것을 깎아 내리면서 속을 확 긁어버림과 동시에 본질이라고 우깁니다. 이 본질 이야기 나오면 거의 이제 싸움이 됩니다.

그러면서 한쪽에서 "말투가 기분 나쁘군요?" 말투를 물고 늘어지면,

상대방 쪽에서 "말이 너무 지나친 거 아니야?" 반말이 시작됩니다.

그러서 "어따 대고 반말이야? 너 몇 살이야?" 이제 나이 얘기가 나옵니다. 그러면서 거의 등장하는 말이 하나 있는데 뭘까요?

이런 말이 꼭 나옵니다. "너 초딩이지?" "너 초등학생이지!" 라는 결정적인 멘트를 상대방에게 날립니다. ^ ^

이 정도 되면 중간에 말리는 사람 꼭 나옵니다. "싸우지 마세요. 둘 다 맛있는 음식이잖아요" 말리는 사람이 등장함으로써 조금 전운이 조금 수그러지는 듯합니다. 하지만 말리는 사람이 "난 짬뽕이 맛있던데..."

그러면 "지금 자장면 우동 얘기 중이니 짬뽕은 끼어들지 말아요." 그럽니다. 그러면 중간에 있던 사람이 "뭐야~ 짬뽕을 무시하는 거야?" 그러면서 싸움은 더욱더 확대됩니다.

그러면서 결국 싸움과 초연해지고 싶은 마지막 사람이 등장하여 이렇게 말합니다. "싸우려면 밖에 나가서 싸우세요!" ^ ^

하여간 별별 말들이 많습니다. 비방과 조롱의 말들이 세상에는 많습니다. 함이 아버지에 대하여 그런 방식으로 이야기했던 것입니다. 이러한 태도는 하나님 보시기에 좋은 태도가 아니었습니다.

그렇다면 상대방의 허물이 드러날 때에 하나님보시기에 가장 아름다운 대처 방법은 무엇일까요?

그것은 사랑으로 상대방의 허물을 덮어주는 것입니다. 사랑으로 덮어준다는 것은 그 사람의 죄와 잘못 자체를 신실한 사랑으로 잘 교정해 주면서도 그 중심은 지난 모든 잘못과 허물들을 다 덮어주고 그의 삶이 아름답게 되도록 기도해주고 세워주고 돕는 것을 말합니다.

성경에 나오는 '은혜' 라는 단어 자체가 "허물을 덮는다." 는 의미입니다. 첫 사람 아담과 하와가 범죄 하고 부끄러워하고 있을 때에 하나님은 가죽 옷을 친히 지으셔서 다 입혀주시었습니다.

그것은 어린 양 예수 그리스도께서 우리 대신 죽으시어서 우리의 모든 허물을 덮으시는 영원한 생명의 옷, 의의 옷이 되어주심을 상징하는 것이었습니다.

또한 구약의 제사제도에도 보면 하나님께서 지성소 안에 은혜를 베푼다는 의미의 '시은소' 를 두시고 거기에서 어린 양의 피가 뿌려짐으로써 백성들의 모든 죄와 허물들이 덮어지도록 역사해주셨습니다.

그것은 십자가의 보혈로 우리 죄와 허물을 덮어주신 주님의 사랑을 그대로 보여주는 것이었습니다.

그리하여 하나님은 그리스도의 피를 보시고 우리의 죄를 다시는 기억조차 하지 않으시고 영원토록 잊으신다고 선언하셨습니다.

컴퓨터에도 보면 지우는 기능인 딜리트(delete) 키가 있습니다. 딜리트 키를 누르면 다 지워집니다. 그런데 이 딜리트 키로 지운 것은 다시 재생시킬 수 있습니다. 하지만 덮어쓰기 기능이라고 있는데 이것으로 덮어버리면 다시는 재생시킬 수 없습니다.

비교할 수 없이 절대적으로 하나님은 주님의 생명과 피로써 여러분과 저의 모든 죄와 허물들을 덮어 주셨습니다.

심지어는 우리 역시 주님의 삶을 따라 연약한 지체들과 이웃의 죄와 실수를 아파하며 기도해주고 그 영혼들의 온전한 회복을 온 맘과 삶을 다해 도와주어야 하는 것입니다. 이것이 바로 예수님 닮은 마음이요, 삶이며 이러한 사람을 하나님은 크게 축복해 주시는 것입니다.

아버지의 허물을 사랑으로 덮었던 셈과 야벳이 그렇게 복의 근원이요, 축복의 사람들로서 은총을 받았던 것입니다.

하나님은 다윗을 왜 그렇게 사랑하시고 축복하셨을까요? 물론 하나님의 전적인 은혜이지만 다윗은 하나님을 존경하고 사랑하는 마음으로 사울에 대하여 그 신실함을 지켰기 때문입니다.

다윗은 허물 많은 사울 왕에 대하여 비난의 화살과 창을 던지지 않았습니다. 하나님께 모든 것을 맡기며 선으로 악을 이기고 넘치는 사랑으로 미움을 덮어버리고 이겼습니다.

알렉산더 대왕이 전 세계를 제패하고 있었을 무렵 어느 화가가 알렉산더 대왕으로부터 초상화를 그려달라는 부탁을 받고 큰 고민에 빠지게 되었습니다. 왜냐하면 알렉산더 왕의 이마에는 전쟁터에 싸우다가 남겨진 매우 흉터가 이마에 있었기 때문입니다. 대왕의 자랑스러움에 손상을 입히고 싶지 않았기 때문입니다. 그러나 그 상처를 그리지 않는다면 그 초상화는 진실 된 것이 되지 못하므로 작품성 역시 손상될 수밖에 없었습니다. 화가는 고민 끝에 한 가지 방법을 생각해 내었습니다. 대왕이 이마에 살짝 손을 대고 쉬고 있는 모습을 멋지게 그려냈던 것입니다.

화가의 지혜와 배려가 얼마나 귀합니까? 약점을 덮어 주면서 전체적인 조화를 꾀함으로써 멋진 작품을 탄생시킨 것입니다. 우리도 다른 사람을 대할 때 이런 지혜와 자세가 필요합니다. 바로 약점을 감싸줄 수 있는 마음의 태도입니다.

이것이 주님의 마음을 닮은 삶의 태도입니다. 허물이나 실수 중의 어떤 것들은 흐뭇한 실수들도 있지 않습니까?

어떤 어린 동생이 수능 보러가는 고 3형이 너무 안타깝게 느껴져서 형을 배웅하면서 형에게 그렇게 이야기 했답니다. "형! 너무 걱정하지 말고 꼭 100점 맞고 와!" 당시 수능 만점이 500점인데 그것도 모르고 100점 맞고

 우리 역시 실수 많고 태부족하지만 주님은 우리 삶을 작품처럼 아름답게 빚어주고 계시기 때문입니다.

 주님은 우리 또한 다른 영혼들의 허물을 덮고 품어 주님께로 인도하는 그런 풍성한 사랑의 삶을 살기를 항상 원하고 계십니다. 그러한 심령들을 통하여 하나님 나라의 축복된 일들을 풍성하게 아름답게 이뤄 가시는 것입니다. 그러한 삶을 통해 하나님께 기쁨이 되시기를 바랍니다.

24 / 사랑은 정성을 다해 사람을 대하는 것이다

"무슨 일을 하든지 마음을 다하여 주께 하듯 하고 사람에게 하듯 하지 말라 이는 기업의 상을 주께 받을 줄 아나니 너희는 주 그리스도를 섬기느니라" (골 3:22-23)

어떤 남자가 비행기를 조종해보려고 서점에서 비행기 운전 교본을 구입했습니다. 그래서 교본을 보고 처음으로 조종을 하였습니다.

"먼저 엔진에 시동을 걸고, 기어를 넣고 조종간을 앞으로 당기고.." 책을 보고 책대로 했더니 책에 나온 대로 멋지게 이륙을 성공했습니다. 그 남자는 비행기 조종 별 것 아니라고 자신만만했습니다.

이제 착륙해야 할 시간이 되자 착륙은 어떻게 해야 하는지 다시 책을 펴들었습니다. 그런데 교본 책 맨 마지막에 쓰여 있는 글을 보고 그만 기절하고 말았습니다. 거기에는 이렇게 쓰여 있었습니다. "착륙 편은 다음호에 계속..." ^ ^

인생은 한 번 배운 것으로 끝나지 않습니다. 사랑의 삶 역시 계속해서 배워 나가야 우리는 더불어 의미 있고 행복하게 살 수 있게 됩니다.

행복도 전염이 된다는 사실을 아시나요? 즐거운 이웃집 곁에 살면 함께 행복감이 상승한다는 조사 결과가 나왔습니다.

하버드 대학 연구팀이 실제로 5124명을 대상으로 조사한 결과, 행복감을 느끼는 친구가 가까이 살면 옆에 사는 사람의 행복감지수가 34%나 자연스럽게 상승한다고 합니다.

내가 행복하면 자연스럽게 내 주변 사람들도 행복해지는 것입니다. 그러기에 하나님 안에서 내 자신이 먼저 행복해지는 것이 귀합니다.

먼저 우리 자신이 주님 안에서 행복해져야 가족과 주변 모두가 자연스럽게 행복해집니다.

그렇다면 하나님 안에서 행복을 더불어 잘 누리려면 어떻게 해야 하는 것일까요? 나도 행복해지고 주변에게도 사랑과 행복을 퍼트리는 전달자가 되려면 어떻게 살아야 하는 것일까요?

23절에는 이렇게 기록되어 있습니다. "무슨 일을 하든지 마음을 다하여 주께 하듯 하고 사람에게 하듯 하지 말라." 어디에서든 이 구절대로 살면 인생의 보람과 행복을 전하게 됩니다.

에베소서 6장 7절에서도 "무엇을 하든지 단 마음으로, 기쁜 마음으로 주께 하듯 하라" 고 되어 있습니다.

우리는 주변의 사람들이나 우리가 만나는 사람들에게 기쁜 마음으로 주님께 하듯 해야 합니다. 가정에서도 남편이나 아내는 상대방을 향해 주님 대하듯이 소중하게 대해야 합니다. 그러면 가정은 행복해집니다.

대부분 연애 감정이 있을 때에는 자기 이기심이 드러나지 않습니다. 상대방을 위해 헌신하려고 합니다.

그러나 연애 감정은 영원한 것이 아닙니다. "폴링 인 러브(falling in love)" 즉 배우자에게 푹 빠지게 되는 연애 감정은 짧으면 6개월 길면 1년 정도가 지나면 사그라 드는 것으로 조사되었습니다. 생물학적으로 뇌를 연구해 봐도 누구든지 그렇게 되어 있습니다.

즉 연애감정은 때가 되면 누그러지는 것이 정상입니다. 만약에 어떤 신혼부부가 "우리 부부는 평생 연애감정으로만 살 거예요. 호호호" 그렇게 말하면 조금 위험합니다. 인생의 순리를 모르기 때문입니다.

사람은 구조적으로 그렇게 될 수가 없습니다. 그래서 계속해서 연애감정에만 집착하려고 하면 문제가 생깁니다.

결혼을 하게 되고 시간이 지나면 그 연애감정이 자연스럽게 사라지게 되는데 그렇게 되면 연애감정 속에 감추어 있던 이기심이 나타나게 됩니다.

그러기에 나를 더 사랑해주고, 나를 더 존중해주고, 나에게 더 맞춰달라고 하는 이기적인 욕망을 아가페의 사랑으로 제어하지 않고 내려놓지 않으면 가정은 불행해 집니다.

그러나 예수님 닮은 아가페의 사랑으로 내 이기심을 내려놓고 주님을 대하듯이 남편이나 아내를 소중히 여기는 연습을 하면서 그렇게 소중히 여기게 되면 상대방도 행복해지고 우리 자신도 행복해지는 것입니다.

부모님을 대할 때에도 마찬가지입니다. 주님께 하듯이 해드려야 합니다. 사랑으로 잘 봉양해 드려야 합니다.

또한 직장에서는 상사, 학교에서는 선생님에게도 주님 대하듯 대해야 합니다. 사실 사랑과 배려가 많은 상사나 어른을 모시는 것은 쉽습니다. 하지만 까다로운 상급자에게 잘 하는 것은 어렵습니다.

소위 까칠한 상급자들이 있습니다. 하지만 베드로전서 2장 18절에서는 "사환들아! 범사에 두려워함으로 주인들에게 순복하여 선하고 관용하는 자들에게만 아니라, 또한 까다로운 자들에게도 그리하라" 고 말씀합니다.

사울 왕은 다윗을 죽이려고 했지만 다윗은 주님을 대하듯이 사울을 대함으로 다윗은 주님께로부터 큰 칭찬과 축복과 영광을 얻게 되었습니다.

한편 우리는 동료나 이웃을 대할 때에도 주님 대하듯이 대해야 합니다. 사랑으로, 존중심을 갖고 겸손하게 대해야 합니다.

또한 자녀나 후배 직원들을 대할 때에도 인격적으로 주님 대하듯이 해야 합니다. 주님은 자녀들을 노엽게 하지 말라고 말씀하셨습니다.

에베소서 6장 9절에서는 상전들에게 "너희 위에는 하나님이 계시니 하나님을 보고 하급자들에게 잘 대해주라" 고 하셨습니다.

자녀라고, 부하라고 내 소유처럼 여기고 권위주의를 갖고 내 뜻과 내 맘대로만 하려고 하면 상대방들은 노여워하게 되고 함께 상처와 아픔 가운데 살게 되는 것입니다.

그러나 주님 닮은 섬김의 마음으로 잘 품고 인도하면 결국 모두가 복되게 되고 풍성한 축복의 결실이 생깁니다.

심지어 예수님은 지극히 작은 자 하나도 예수님 대하듯이 대하라고 말씀하셨습니다. 지극히 작은 자 하나에게 한 것이 곧 나에게 한 것이라고 하셨습니다. 가장 작은 자들, 소외된 영혼들을 주님 대하듯이 하는 것은 주님께 영광이 됩니다.

이처럼 모든 사람을 주님 대하듯이 대하는 것은 쉬운 것이 아닙니다. 계속해서 우리 자신의 실행과 회개와 교정과 훈련이 필요합니다.

어렵지만 그렇게 계속해서 주님의 은혜를 힘입어 기꺼이 단 마음으로 주님 대하듯이 사람들을 대할 때 주님께서 큰 은혜를 여러분에게 베푸실 것입니다. 우리는 행복한 생애가 될 것입니다.

그리고 중요한 것은 우리가 사람을 대할 때에도 주님께 하듯이 해야 하지만 우리의 모든 일과 활동을 할 때도 주님께 하듯 해야 합니다.

교회 봉사를 할 때 주님께 하듯 해야 합니다. 어떤 봉사를 하든지 겸손한 종의 자세로 감당하면 주님께서 기뻐하시며 복을 주십니다.

우리가 교회에서도 일을 감당할 때 주님을 잊어버리기가 쉽습니다. 사람의 일로 생각하기 쉽습니다. 주님께 하듯 하지 않게 되면 아무리 좋은 일이라도 감사와 기쁨이 생기지 않습니다.

반면에 주님께 하듯 봉사하는 삶에는 그 특징적으로 감사와 평안이 있습니다. 역시 봉사하는 자신을 포함하여 모두가 행복해집니다.

일상에서도 그렇습니다. 교회 일은 거룩하지만 가정이나 직장, 사회의 일은 세상적인 것이며 거룩하지 않다는 생각은 비성경적입니다.

무엇이든 주님께 하듯 하면 그 모든 일이 다 주님께 영광이 됩니다. 주부들도 그렇습니다. "어쩌다가 내가 여자로 태어나서 집안일만 하나?" 가 아니라 "여자라서 행복해요!" 그러면서 주님께 대하듯 가사 일을 하면 하나님께 산 예배가 됩니다.

통반장 일을 하고 반상회를 개최하면서도 주님께 하듯 하면 주님께서 영광을 받으시고 사람들도 감화를 받게 됩니다. 그래서 예수님을 믿는 일들이 생길 수 있습니다.

사업하는 분들은 사업의 현장에서, 축구선수들은 운동장에서 주님께 하듯이 달려가며 축구를 하면 주님은 귀하게 받아주십니다.

학생도, 직장인도 그렇습니다. "이거 죽지 못해 하네." 그것이 아니라 "주님! 이 공부, 혹은 이 일을 주님을 대하듯 기쁨으로 최선을 다하게 하소서!" 기도하며 감당하면 하나님은 크게 기뻐하십니다.

직장에서도 퇴근하는 스타일의 몇 가지 유형이 있다고 합니다. 이순신 장군형 퇴근이 있는데 "나의 퇴근을 아무에게도 알리지 말라." 또 햄릿형 퇴근이 있는데 "퇴근이냐 퇴직이냐 이것이 문제로다."

그리고 나폴레옹 형 퇴근도 있습니다. "나의 사전에 정해진 퇴근 시간은 없다. 그냥 간다." 그런가 하면 맥아더형 퇴근도 있다고 합니다. "나는 퇴근하지 않는다. 다만 사라질 뿐이다." 다들 직장 일에 스트레스가 많은 것입니다. ^ ^

그래도 우리들은 직장에서도 주님께 하듯 열심히 해야 합니다. 상사나 동료들은 그 수고를 모를 수 있습니다.

그러나 주님은 다 아십니다. 다 보고 계시다가 주님께 대하듯 사명을 감당한 사람들에게 때가 되면 귀한 영광을 선사해주십니다.

주님께 하듯 하면 무슨 일이든 사랑으로 하게 됩니다. 주님께 하듯 하면 겸손한 마음으로 하게 됩니다. 그리고 정성을 다해 감당합니다.

"정성을 다하는 국민의 방송, KBS 한국 방송" 방송국도 그 노래처럼 되려면 주님께 하듯 해야 합니다." ^ ^

경북 김천에 가면 유명한 김천곰탕집이 있다고 합니다. 어떤 성도님이 경영하시는 곰탕집인데 그분은 김천에서 서울에 있는 교회까지 매주일 빠짐없이 오시는 분이랍니다.

그분은 곰탕을 만들 때 그날 오늘은 사골국물이 안 우러나오면 "오늘은 재료가 나빠 장사 못합니다." 라고 한 후 가게 문을 닫습니다. 그분의 좌우명은 "주님께 하듯" 입니다. 주님께 하듯 하니 정성을 다하는 것입니다. 그러면서 소문이 나면서 많은 사람들이 그 곰탕집을 찾는 것입니다.

어떤 것이든 주님께 하듯 하면 행복해집니다. 뿐만 아니라 좋은 결실이 맺혀지게 됩니다.

24절에서도 "이는 기업의 상을 주께 받을 줄 아나니 너희는 주 그리스도를 섬기느니라." 주님께 하듯 감당하면 때가 되매 주님께서 친히 좋은 은총과 복을 주십니다.

요즘 자동차 부품 업체인 대의테크 회사가 각광을 받고 있습니다. 이 대의테크는 자동차부품 가운데에서도 가장 까다롭다는 부품을 생산하는 전문 기업입니다.

지금까지 20년 넘게 한 우물만 파온 이 회사는 연구개발 인력이 전 직원의 22%를 차지할 만큼 기술력에서 앞선 기업입니다. 그런데 그 기업의 채의숭 회장이라고 계십니다.

이 분은 아주 가난한 집안에서 태어나 예수님을, 고등학교 2학년 때에 하나님 앞에 기도할 때 세 가지의 꿈을 말씀드렸습니다.

첫째는 공부를 많이 해서 박사가 되어 대학교수를 하는 것이고, 둘째는, 돈을 많이 벌어서 큰 회사의 사장님이 되는 것이었습니다. 그리고 마지막으로는 가장 중요한데 돈을 많이 번 것으로 교회 백개를 세우게 해달라고 기도하며 그러한 꿈을 꾸었습니다.

그런데 이러한 꿈의 첫째, 둘째가 벌써 이루어졌습니다. 그리고 셋째는 현재 약 50여개의 개척교회를 세웠고 진행 중입니다.

어떻게 이루어지게 되었는가? 그분의 평생 좌우명이 바로 "주께 하듯 하라." 입니다. 무엇을 하든 주님께 하듯 기쁜 마음으로 온 힘을 다하는 사명을 감당하는 인생이었습니다.

하나님은 교회에서 뿐만 아니라 우리의 가정, 직장, 사업, 우리의 인간관계, 일등 우리 생활의 모든 영역을 다스리시는 하나님이십니다. 그래서 우리는 어떤 영역에서든 주님께 대하듯 감당해야 합니다.

그러면 우리 마음에는 보람과 행복이 깃들게 될 것입니다. 주님의 위로와 사랑, 참된 은총과 상급이 임하게 될 것입니다.

하나님은 우리에게 모든 일을 사람에게 하듯 하지 말고 주님께 하듯 하라고 말씀하십니다.

삶에 많은 난관이 있을지라도 끝까지 사랑으로, 겸손한 마음으로 주님을 대하듯 이웃을 대하시고 사명을 잘 감당하게 되시기를 바랍니다.

6장 나눔을 위한 질문

1. 참 사랑은 무엇이라고 생각하시나요? 사랑과 유사하지만 사랑이 아닌 것
   에는 어떤 것들이 있나요?

2. 성숙한 사랑의 관계의 특징은 무엇이며 반대로 성숙하지 못한 인간관계
   는 어떤 것이라고 생각하시나요?

3. 사랑의 관계를 위해 꼭 필요한 요소들이 있다면 무엇일까요?

4. 좋은 대화를 하기 위해 필요한 것은 무엇이라고 생각하시나요?

5. 예수님을 대하듯 사람을 대하는 것이 성경적 인간관계의 원칙입니다.
   각자의 삶속에서 상대방을 그런 사랑의 원칙을 갖고 대하는지 서로
   이야기 해보세요.

* 유머퀴즈 : 대부분 사람들이 외출시 가지고 다니는 두가지 동물은?
  (정답은 뒷장에)

(정답: 양말 ^^)

7장 축복

Blessing

25 / 남에게 향기로운 꽃을 바친 손에는 향기가 있다

"그의 아버지 이삭이 그에게 이르되 내 아들아 가까이 와서 내게 입맞추라 그가 가까이 가서 그에게 입맞추니 아버지가 그의 옷의 향취를 맡고 그에게 축복하여 이르되 내 아들의 향취는 여호와께서 복 주신 밭의 향취로다 하나님은 하늘의 이슬과 땅의 기름짐이며 풍성한 곡식과 포도주를 네게 주시기를 원하노라 "(창 27:26-28)

어느 선교사님이 우리나라 오신 지 얼마 안 되어서 아직 말이 서투르실 때였습니다. 예배를 다 인도하시고는 이제 축도를 하셔야 하는데 축도의 처음 말이 도무지 생각이 나지 않는 것이었습니다.

축도를 시작할 때는 주로 "이제는 혹은 지금은 우리 주 예수그리스도의 은혜와" 라고 시작합니다. 그런데 이 '지금은' 이 생각나지 않았습니다. 그러다가 선교사님은 갑자기 생각나신 듯 이렇게 축도를 시작하셨습니다. "요새는 우리 주 예수그리스도의 은혜와~" ^ ^

부족함이 있어도 축복하는 삶은 아름답습니다. 다른 사람들을 축복하며 살 때 하나님께서 창조하신 인생의 목적이 이뤄지게 됩니다.

우리 생애 가운데 가장 큰 축복이 있다면 하나님의 자녀가 된 것입니다. 인생을 살다가 어떻게 해서 우리가 하나님의 은혜를 입게 되었는지 정말 감사하지 않을 수 없습니다.

다윗은 고백하기를 "하나님! 제가 누구이기에 이에 이르게 하셨습니까?" 하면서 감격했습니다.

"다윗 왕이 여호와 앞에 들어가 앉아서 이르되 주 여호와여 나는 누구이오며 내 집은 무엇이기에 나를 여기까지 이르게 하셨나이까"(사무엘하 7:18)

여기에다가 우리가 받은 커다란 은총이 하나 더 있습니다. 그것은 우리가 다른 사람을 위한 축복의 전달자가 되었다는 사실입니다.

아브라함도, 이삭과 야곱도 축복의 전달자요 통로로 살았습니다. 요셉도 역경이 많았지만 하나님께서 그와 함께 계심으로 가는 곳마다 하나님의 사랑과 축복을 전하며 살았습니다.

그리스도인들은 복의 통로요 왕 같은 제사장입니다. 우리 때문에 가정과 가족들이, 교회와 곳곳이 주님의 축복 가운데 거하게 되어야 합니다.

그렇다면 우리가 축복의 전달자요 제사장으로서 어떻게 해야 그 역할을 잘 감당할 수 있는 것일까요? 하나님은 우리가 가족이나 이웃에게 어떤 방법으로 축복을 전달해주기를 원하실까요?

하나님은 먼저 우리가 사랑이 담긴 접촉으로 가족이나 이웃에게 축복을 전하기 원하십니다.

창세기 27장 26절을 보면 "내 아들아 가까이 와서 내게 입 맞추라 그가 가까이 와서 그에게 입 맞추니" 라고 되어 있습니다.

아버지 이삭이 야곱에게 애정 어린 접촉을 하면서 축복했던 것입니다. 이렇게 인간관계에서 사랑이 담긴 접촉은 중요합니다.

외국의 어떤 종족에서는 인사를 할 때 반가우면 뺨을 때린다고 합니다. 그러니까 진짜로 반가운 사람만나면 살살 때리면 안 됩니다. 양팔을 걷어 부치고 눈물이 핑 돌 정도로 때려야 사랑의 표시가 됩니다. 그래서 세게 맞으면 기분이 좋고, 살살 때리면 "왜 이렇게 약하게 인사 하냐고? 내가 뭐 잘못한 거 있냐?" 고 하면서 섭섭해 합니다. ^ ^ 동방예의지국인 우리나라에서 그랬다가는 큰일납니다♥

아무튼 여기에서 강조하는 '사랑이 담긴 접촉' 은 그만큼 상대방을 아껴주고 보듬어주라는 뜻입니다.

자녀들을 쓰다듬으면서 기도해준다든지, 부모님의 손을 다정하게 잡아주면서 격려해드린다지, 부부 간에 감싸준다든지 하는, 이런 애정이 담긴 접촉들은 가정을 행복하게 하는 청량제가 됩니다.

반갑게 악수하거나 안아주면 몸 안에 좋은 헤모글로빈의 수치가 올라감으로 혈압도 내리고 병이 호전되거나 건강이 유지됩니다.

실제로 새로 태어난 아기를 아무도 접촉해주지 않거나 껴안아주지 않으면 그것 때문에 죽는 일도 있다고 합니다. 아이들을 돌봐주는 곳에서는 아기를 자주 안아주는 것이 중요한 치료 요법입니다.

사람은 처음부터 서로 보듬어주는 존재로 창조되었습니다. 가족들이나 자녀들을 껴안아주시기 바랍니다.

하나님은 가장 따뜻하신 사랑으로 우리를 지금도 품어주고 계십니다. 주님은 이 땅에 계실 때 아파하는 영혼들을 향해 다가가 그들을 어루만지시면서 치료해주셨습니다. 십자가의 사랑으로 다 품어주셨습니다.

이사야 40장 11절에서 "그는 목자같이 양 무리를 먹이시며 그 팔로 모아 품에 안으시며" 라고 말씀하십니다.

그 영원하신 사랑으로, 온 마음으로 우리의 연약함을 다 감싸주시는 분이 하나님 외에 또 누가 있겠습니까?

우리는 주님 품 안에서 안식을 얻고 큰 힘과 위로를 얻어 다시 일어나 모든 난관들을 이기며 승리하게 되는 것입니다.

주님처럼 우리도 고통 속에 방황하는 영혼들에게 다가가 그들을 품어주고 축복해야 합니다. 그럴 때에 우리를 통해 심령들이 회복되고 주님의 복음 안에서 살게 될 것입니다.

또한 축복을 전하는 아주 중요한 방법은 상대방의 가치를 존중해주고 인정하면서 그 미래를 축복해주는 것입니다.

27절에서 "내 아들의 향취는 여호와의 복주신 밭의 향취로다"

"야! 어디 갔다 왔냐? 발 냄새 난다 저리가!" 그렇게 말하지 않고 "야! 너의 향내는 하나님께서 복 주신 밭의 향취이며 꽃향기와 같구나! 너는 참으로 향긋하며 사랑스런 존재로구나!" 라고 말하고 있습니다. 자녀를 존중히 여기며 그 가치를 인정해주고 있습니다.

 상대방에 대해 존중해주고 가치를 인정해주는 말을 늘 하면 곳곳에서 행복이 활짝 피어납니다.

 그런 의미에서 가족들과 이웃을 행복하게 하는 말들을 몇 가지 소개해드리겠습니다.

 "꽃에 핀 사랑은 꽃이 시들면 지고 땅에 새긴 사랑은 바람이 불면 날아가지만 내 마음에 새긴 너는 영원할 거야!'

 "이 세상 행복 다 준다 해도 너와 바꿀 수 없는 걸 아니? 세상이 내게 준 행복은 바로 너야!' 닭살멘트이지만 이런 말들이 마음을 녹입니다. 그래서 이런 말들이 제비족한테 들어가면 절대 안 됩니다. ^ ^

 "내가 어제 한강에 10원을 떨어뜨렸어 그걸 찾을 때까지 널 사랑할게.." 말도 안 되지만 감동이 됩니다.

 "이 세상에 100명이 당신을 사랑한다면 그중에 하나는 저입니다. 이 세상에 10명이 당신을 사랑한다면 그중에 하는 저입니다. 이 세상에 당신을 사랑하는 사람이 없다면 저도 없는 것입니다"

 그리고 조금은 재치가 섞인 말도 있습니다. "세상엔 여러 종류의 우유가 있어~ 딸기우유, 초쿄 우유, 바나나 우유.. 너에게 내가 줄 수 있는 건. 아이럽우유" ^ ^

 "내가 너의 우체통이 되어 줄께, 너의 근심과 아픔 그걸 흰 봉투에 넣어서 날 줄래? 그건 그냥 내가 다 가질게. 너는 평안하고..."

“힘들 땐 철도 끝까지와 내가 널 항상 기다리고 있을테니깐..” 어떻게 철도 끝까지 가며 어떻게 거기에서 항상 기다리나요? 말도 안 되지만 그래도 그렇게 이야기하면 서로 행복해지는 것입니다. ^ ^ 남에게 향기로운 꽃을 바친 손에는 언제나 남은 향기가 있는 법입니다.

상대방을 존중히 여기는 마음을 전해주면 상대방에게만 아니라 그 자신의 마음에도 행복과 기쁨의 향기가 가득 깃듭니다.

남편은 아내의 가치를, 아내는 남편의 가치를, 부모님은 자녀들을 향해, 자녀들은 부모님들을 향해 그 소중함을 인정해드려야 합니다. 교회에서도 상호 간에 그 소중함을 존중해주어야 합니다.

설교자들도 소위 죽을 쑬 때가 많습니다. 죽 쑨 날은 누구보다도 설교자 스스로가 압니다. 그때 예배 후에 “저 오늘 죽 쒔네요!” 설교자가 말하면 어떤 교우들은 “아닙니다. 죽이 더 맛있었어요!” 그렇게 격려해주면 설교자는 감동을 받고 힘을 얻게 됩니다. 설교자들은 다음에 설교 요리를 더 잘 해야 되겠다는 생각을 합니다.

그런데 설교자가 “제가 쑨 죽이 그런대로 괜찮았죠?” 질문하면 어떤 교우들은 “죽도 죽 나름이죠!!” 라고 말합니다. ^ ^ 어디에서든 서로 서로 사랑으로 격려해주어야 합니다.

특히 이삭은 자녀를 축복할 때 그 미래를 축복해주었습니다. 장래에 주님 안에서 참으로 고귀한 존재가 될 것이라고 축복해주었습니다.

눈으로 볼 때 당시 야곱과 이 축복과는 거리가 멀게 보였습니다. 그는 외적으로 가진 것도 없었고 오히려 부족함과 연약함이 많았습니다.

 그러나 이삭의 축복대로 훗날 야곱은 복된 인물로 일컬음을 얻게 되었습니다. 이것이 사람을 아름답게 빚으시고 그 장래의 영광을 비추시는 하나님의 축복의 방법입니다.

 양육의 대가이신 주님은 우리의 미래를 축복하시고 비전을 제시하며 양육하십니다. 하지만 사람들은 상대방의 미래가능성을 못봅니다.

 미국 중부지방의 한마을에 두 딸을 키운 아버지가 있었는데 동네 청년들마다 그 딸들에 대해 관심이 많았습니다.

 그중에 용감한 두 청년이 있어서 마치 '최 진사 댁 셋째 따님' 그 노래처럼 아버지를 찾아가 넙죽 절하고는 딸들을 달라고 간청하였습니다.

 하지만 딸들의 아버지는 결국 두 청년을 거절합니다. 이유는 그 청년들이 농민의 아들로서 너무 가진 게 없다는 것이었습니다.

 그러나 놀랍게도 이 두 청년은 훗날 함께 정계에 입문하고 유력한 인물들이 됩니다. 그 이름이 바로 미국 오하이오주 출신의 제 19대 대통령 레더퍼드 헤이스, 또 한사람이 20대 대통령 제임스 가필드였던 것입니다.

 사람들은 이들을 평하기를 그처럼 불우하게 시작해서 영광스럽게 된 인물은 없다고 할 정도로 허름한 통나무집 출신이었지만 자수성가한 입지전적인 인물들이었습니다.

 그러니까 그 아버지의 딸들은 둘 다 영부인이 될 뻔했고, 그 아버지는 대통령 사위를 동시에 2명 두게 되었다는 찬사를 얻을 뻔했지만 결국은 장래를 볼 줄 아는 안목이 참으로 중요합니다. 하나님은 미래지향적이십니다. 우리의 가능성과 비전을 통찰하는 분이십니다.

하나님은 전혀 그렇게 보이지 않았던, 숨어있던 기드온에게 "큰 용사여! 하나님께서 오늘날 너와 함께 계시도다"(삿 6:12)

위대한 구원의 용사로서의 비전과 약속을 주시면서 축복하셨습니다. 예수님은 베드로를 향해 "너는 게바라, 반석이라 장차 너 위에 내 교회를 세우리라"(마 16:18)고 말씀하셨습니다.

하나님은 아브람의 이름을 아브라함으로, 그 아내 사래는 사라라고 바꾸어 주셨습니다. 각각 열국의 아비, 열국의 어미라는 뜻입니다.

그런데 정작 자신들에게는 자식이 없었습니다. 아마 동네 사람들은 그 두 사람의 이름을 부를 때마다 "열국의 아버지? 완전히 웃긴다." 그랬을 것입니다. 실제 사라 자신도 어이가 없어서 웃었습니다.

하지만 하나님은 아브라함과 사라를 열국의 아비요 어미로 만들어주셨습니다. 우리도 그리스도 안에서 영적으로 아브라함의 복된 후손들이 된 것입니다.

하나님은 요셉에게 꿈으로 그의 위대한 미래를 보여주셨습니다. 그런데 요셉은 어떠했습니까? 늘 오해받고 종으로 팔리고 심지어는 감옥에 갇히고 현실은 전혀 달랐던 것입니다. 그러나 때가 되매 요셉은 하나님의 축복대로 승리하는 생애가 됩니다.

하나님의 인도하심은 이와 같습니다. 하나님은 미래지향적이십니다. 그 사랑의 안목으로 오늘날 우리의 삶도 축복하시고 인도하십니다.

우리도 어디에서든 가족이나 다른 사람들의 그 미래 가능성을 믿음으로 바라보면서 격려하고 축복하는 생애가 되어야 합니다. 그럴 때에 하나님의 은총과 축복이 우리를 통해 곳곳에 임하게 될 것입니다.

26 / 탓하지 않고 축복하는 삶에 미래가 있다

"그의 형들이 또 친히 와서 요셉의 앞에 엎드려 이르되 우리는 당신의 종들이니이다 요셉이 그들에게 이르되 두려워하지 마소서 내가 하나님을 대신하리이까 당신들은 나를 해하려 하였으나 하나님은 그것을 선으로 바꾸사 오늘과 같이 많은 백성의 생명을 구원하게 하시려 하셨나니 당신들은 두려워하지 마소서 내가 당신들과 당신들의 자녀를 기르리이다 하고 그들을 간곡한 말로 위로하였더라" (창 50:18-21)

죽을 파는 두 개의 가게가 있었습니다. 두 가게는 맛도, 가격도, 손님 수도 비슷했지만 늘 왼쪽 가게 가게의 매출이 높았습니다.

이유도 알고 봤더니 간단했습니다. 오른쪽 가게는 죽을 내오면서 손님에게 이렇게 늘 물었습니다. "손님! 계란을 넣을까요? 말까요?"

하지만 왼쪽 가게는 늘 이렇게 질문했습니다. "손님! 신선한 계란을 하나 넣을까요? 두 개 넣을까요?" ^^ 그것이 차이를 가져왔던 것입니다.

사람은 여유로운 마음으로 상대방을 배려해야 합니다. 배려하고자 하는 마음속에 상대방을 축복하는 삶이 시작됩니다.

이 세상에서 가장 축복받은 사람은 누구일까요? 소위 권력과 돈이 많은 사람, 유명하고 인기 많은 사람?

가장 복된 사람은 하나님과 함께 영원한 인생을 사는 사람들이라고 성경은 선언합니다. 그런 의미에서 우리는 가장 복된 사람입니다. 우리는 하나님께 특별한 사랑과 축복을 받았습니다.

그러기에 우리는 그 축복을 다른 사람과 나누어야 합니다. 하나님은 우리가 수도 파이프처럼 막힘이 없는 축복의 통로가 되기를 원하십니다.

그렇다면 어떻게 해야 우리가 축복의 사람답게 살 수 있는 것일까요?

요셉을 통해 우리는 축복의 사람의 그 삶의 특징을 보게 됩니다. 요셉은 한 많은 세월을 보냈습니다. 억울한 일들을 많이 겪었습니다. 큰 피해와 고통을 다른 사람들로부터 많이 당했습니다.

하지만 요셉은 아무도 탓하지 않고 하나님께 맡겼습니다. 그리하여 주님 안에서 모든 것을 이기는 승리자가 되었습니다.

참 사랑은 무엇인가? 그것은 상대방을 탓하지 않고 도리어 품는 것입니다. 원수도 사랑하는 것입니다.

사람에게는 누구나 탓하고자 하는 속성이 있습니다. 예외 없이 사람에게는 다 있습니다. 아담과 하와가 처음 죄를 범한 이 후에 가장 먼저 했던 일은 상대방을 탓하는 것이었습니다.

아담은 하나님이 배필로 주신 여자가 먹으라고 해서 먹었다고 했습니다. 하나님과 아내를 탓했던 것입니다.

여자는 곧이어 뱀이 시켜서 했다고 탓했습니다. 탓 릴레이가 계속되었습니다. 죄가 들어오자마자 탓하는 일부터 생겼던 것입니다.

내무반 생활을 하는 병사들에게는 어떤 일이 종종 생길까요? 고참이 자기 밑으로 부하들을 소집해 놓고 기합도 주고 닦달을 합니다.

그렇게 해놓고 방을 나가면 그 다음 고참이 자기도 당한대로 부하들에게 갚아줍니다. 계속 릴레이로 바통은 받아 그 다음 고참, 다음 고참, 이렇게 하다보면 맨 밑에 있는 졸병은 반 죽게 됩니다.

이전에 제가 군대에서 졸병이었을 때 수시로 집합 당했습니다. 괴로웠던 것은 5개월 동안 제 밑으로 졸병이 한 명도 안 들어 왔습니다.

그러다가 졸병이 6개월 만에 왔는데 정말 제가 낳은 것처럼 반가웠습니다. 그러다보니 집합을 당해서 위에서 괴롭혀도 그 릴레이를 제 선에서 딱 끊어버렸습니다. 졸병들이 사랑스러운데 어떻게 괴롭히겠습니까?

대신에 제 밑으로는 초코파이 주고 그랬더니 다들 감동을 받아서 제 손을 붙잡고 울고 그랬습니다♥ 하여간 군대에서는 초코파이가 최곱니다. ^ ^ 졸병들한테 할 수 있는 대로 엄청 잘 해줬습니다. 아프면 가서 기도해주고 위로해주고 약까지 사서 갖다 주고 그랬습니다.

그 이후로 저를 따라서 부하들이 하나 둘씩 군대교회를 따라다니는데 병아리들이 어미 병아리 따라다니듯이 "병아리~ 삐약삐약‥" 졸졸 열 명 이상이 따라다녔습니다. 아무튼 초코파이는 군대에서는 보통 과자가 아닙니다. ^ ^

우리는 이 탓의 사슬을 끊어야 합니다. 가정에서나, 직장에서나 상대방들이 정말로 잘못하는 일들이 있습니다.

사람들은 누구든 완벽하지 않습니다. 우리는 다 연약합니다. 그러기에 서로 이해하고 다 품어주어야 하는 것입니다. 피차일반이기에 다른 사람을 비난할 수 없습니다.

우리는 다른 사람들의 변화에 초점을 맞추기 보다는 내 자신의 변화에 초점을 맞추어야 합니다. 나의 변화를 위해 최선을 다해야 합니다. 그러면 행복해집니다. 주변도 저절로 좋게 변화됩니다.

예수님은 인간들에게 탓하실 것이 많으셨음에도 다 품어 주셨습니다. 심지어는 우리 죄 값을 대신 짊어지시고 죽으셨습니다. 그리하여 우리에게 참된 평화와 안식과 영원한 생명을 다 주신 것입니다.

요셉도 자신을 대적하던 형들을 품었습니다. 21절을 보면 "당신들은 두려워하지 마소서 내가 당신들과 당신들의 자녀를 기르리이다 하고 그들을 간곡한 말로 위로하였더라." 즉 요셉은 축복과 용서의 사람으로서 사람들을 사랑으로 품으며 선으로 악을 이겼던 것입니다.

또한 요셉은 그가 처했던 환경도 탓하지 않았습니다.

이 사람은 누구일까요? "집이 나쁘다고 탓하지 말라. 나는 아홉 살 때 아버지가 죽었고 마을에서 쫓겨났다. 가난하다고 하지 말라. 나는 먹을 것이 없어 들쥐를 잡아먹으며 겨우 연명했다. 작은 나라에서 태어났다고 원망하지 말라. 병사는 10만. 백성은 어린아이, 노인까지 합쳐 2백만도 되지 않았다. 힘이 없다고 탓하지 말라. 나는 내 이름도 쓸 줄 몰랐으나 남의 말에 귀를 기울이면서 현명해지는 법을 배웠다. 포기해야 되겠다고 하지 말라. 나는 목에 칼을 쓰고도 탈출했고, 뺨에 화살을 맞고 겨우 살아나기도 했다. 그 모든 환경을 극복하는 순간 나는 비로소 징기스칸이 되었다."

환경은 결정적인 것이 아닙니다. 특별히 하나님께서 함께 하시는 사람은 끝내 모든 것을 극복할 수 있습니다.

요셉의 가정환경만 보더라도 아름다운 꿈을 펼치기에는 불가능해 보이는 환경이었습니다. 그의 아버지에게는 첩까지 합쳐 4명의 부인이 있었습니다. 그래서 배다른 10명의 형제들이 있었습니다. 그 형제들로부터 구박과 인신매매 까지 당했던 것입니다.

성경에 나오는 가정들을 보면 그런 가정들이 많습니다. 아브라함도, 야곱도, 이삭도, 다윗의 가정도 그랬습니다. 많은 훌륭한 사람들이 역기능적이고도 열악한 가정환경에서 자랐습니다.

중요한 것은 그들은 절망적인 환경에도 굴하지 않고 땅을 정복하라고 하신 하나님의 말씀을 따라 그 고난의 환경을 도전의 기회로 삼아 결국 그

환경들을 정복하고 다스리고 극복했던 것입니다. 그리하여 큰 믿음의 승리자들이 되었습니다.

우리도 하나님의 사랑과 능력을 힘입어 모든 환경을 이기는 그런 승리자들이 될 수 있기를 소망합니다.

이전에 엄마 쥐와 새끼 쥐가 함께 길을 가는데 커다란 고양이가 나타났습니다. 새끼 쥐는 엄마 쥐 뒤로 숨어서 벌벌 떨었습니다.

이 때 엄마 쥐가 앞으로 한발 나서더니 "멍멍" 하였습니다. 그러자 고양이는 꼬리를 내리며 강아지인 줄 알고 그냥 도망쳤던 것입니다.

새끼 쥐는 기뻐하며 엄마에게 어떻게 된 것이냐고 물었습니다. 엄마 쥐는 이렇게 이야기했습니다. "얘야, 인생 적응을 위해 요즘 간단한 제 2외국어는 필수란다." ^ ^

요셉은 유연하게 환경에 잘 적응했습니다. 매사에 힘든 환경도 하나님 안에서 잘 활용하고 역이용하며 좋게 대처했던 것입니다.

이런 글이 있습니다. "물고기는 물과 다투지 않습니다. 물이 조금 차가우면 차가운 대로 물이 조금 따뜻하면 따뜻한 대로 물살이 조금 빠르면 빠른 대로 물과 같이 어울려 살아갑니다. 물고기는 자신이 물과 함께 있는 것만으로도 감사하고 고맙기 때문입니다.

산에 있는 나무는 산과 다투지 않습니다. 자리가 좁으면 좁은 대로 주위가 시끄러우면 시끄러운 대로 큰 나무들이 있으면 있는 대로 햇볕이 덜 들면 덜 드는 대로 처지에 맞추며 살아갑니다. 나무는 자신이 산에서 어울려 사는 것만으로도 감사하고 고맙기 때문입니다. 햇님은 구름과 다투지 않습니다. 구름이 자신의 얼굴을 가리어도 조용히 참고 기다렸다가 찡그렸던 하늘을 더 파랗고 맑게 해줍니다.”

주님을 닮은 요셉은 그렇게 유연한 물과 같았습니다. 나무와 같았습니다. 하나님의 선하신 뜻 안에 자신의 모든 환경이 주어진 것임을 믿으며 환경을 탓하지 않고 오히려 감사하면서 적응하였고 모든 것을 극복해 낸 승리자가 된 것입니다.

감사로 유명했던 어떤 목사님의 실화입니다. 그분은 주일예배 때마다 늘 날씨에 대한 감사기도를 드렸습니다. 그런데 어느 몹시 추운 겨울날, 눈보라가 치고 빙판길이 되어 운전을 할 수 없을 정도가 되었습니다.

교우들은 예배 전에 예상하기를 “목사님은 분명히 오늘 예배 때에는 날씨에 대해 감사기도를 하지 않으실 거야!”

하지만 그날도 목사님은 이렇게 감사기도를 드렸습니다. “하나님! 오늘과 같은 날씨를 1년에 겨우 한두 번만 주심을 감사드립니다.” ^ ^

힘든 상황에서도 여전히 감사할 제목들을 찾았던 것입니다. 우리도 그렇게 늘 감사하며 살 때 하나님은 화창한 날들을 베푸십니다.

하나님의 사람 오스왈드 챔버스는 “하나님은 우리가 처한 모든 환경의 기관사이시다.” 라고 했습니다. 다 이끌어 주신다는 뜻입니다.

우리는 힘든 고난을 만나면 우리 곁에 계신 하나님을 잊은 채 그 상황에만 눈을 고정시킵니다. 그래서 환경을 지배하지 못합니다.

하지만 하나님은 우리에게 힘을 주십니다. 믿음의 눈을 주십니다. 그 믿음의 눈을 지니면 하나님은 우리의 모든 상황들을 아름답게 하신다는 것을 확신하게 되고 신뢰하게 되는 것입니다.

사람들은 흔히 처한 환경이 한계이기에 꿈을 꿀 수 없다고들 합니다. 좋은 결실을 맺을 수 없다고 하며 환경을 탓하며 절망하곤 합니다.

그러나 극한 절망에서 승리했던 믿음의 사람들은 그러한 환경 때문에 자신의 인생이 더 강인하고도 아름답게 되었다고 증언하고 있습니다.

요셉은 누구도 탓하지 않고 사랑하고 축복하며 살았습니다. 오늘날에도 축복의 사람 요셉처럼 사는 우리가 되기를 바랍니다.

27 / 사랑의 칭찬은 사람을 키웁니다

"그의 자식들은 일어나 감사하며 그의 남편은 칭찬하기를 덕행 있는 여자가 많으나 그대는 모든 여자보다 뛰어나다 하느니라 고운 것도 거짓되고 아름다운 것도 헛되나 오직 여호와를 경외하는 여자는 칭찬을 받을 것이라 그 손의 열매가 그에게로 돌아갈 것이요 그 행한 일로 말미암아 성문에서 칭찬을 받으리라" (잠 31:28-31)

코끼리, 코끼리 2마리가 서로 싸웠습니다. 그런데 그만 안타깝게도 둘이 싸우다가 둘 다 코가 떨어져 나갔습니다.

그렇다면 둘은 어떻게 되었을까요? 답은 끼리끼리가 되었습니다. 코끼리, 코끼리에서 둘 다 코가 없어졌으니까 끼리끼리가 된 것입니다. ^ ^

서로 사랑하고 보완해주는 삶 속에 행복이 깃듭니다.

이해인 시인의 '나를 키우는 말' 이라는 시가 있습니다.

"행복하다고 말하는 동안은 나도 정말 행복한 사람이 되어 마음에 맑은 샘이 흐르고 고맙다고 말하는 동안은 고마운 마음 새로이 솟아올라 내 마음도 더욱 순해지고 아름답다고 말하는 동안은 나도 잠시 아름다운 사람이 되어 마음 한 자락 환해지고 좋은 말이 나를 키우는 걸 나는 말하면서 다시 알지" "행복하다. 고맙다. 축복한다." 그런 말만 해도, 또는 그런 말만 들어도 마음이 밝아지고 행복하게 된다는 내용입니다.

사람은 하나님을 닮아 언어적인 존재입니다. 하나님은 말씀의 하나님이십니다. 하나님의 형상으로 지음 받은 사람 역시 말이나 이야기로 생각이나 인생을 만들어갑니다.

그러므로 하나님의 말씀 안에서 긍정적인 이야기를 하거나 들으면서 살면 우리 마음과 인생은 아름답게 빛나게 됩니다.

이런 찬송이 있습니다. "달고 오묘한 그 말씀 생명의 말씀은 귀한 그 말씀 진실로 생명의 말씀이 나의 길과 믿음 밝히 보여주니 아름답고 귀한말씀 생명 샘이로다"

주님의 말씀은 잘 듣기만 해도 복이 됩니다. 기쁨과 생명이 됩니다. 그래서 우리는 하나님의 말씀 안에서 우리 자신 뿐 아니라 다른 사람들에게 큰 도움이 되는 말들을 많이 하며 살아야 합니다.

그렇다면 특별히 하나님께는 기쁨이요 사람들에게는 큰 도움이 되는 말은 무엇일까요? 그것은 칭찬과 격려의 말입니다.

잠언 31장에는 덕행 있는 여인을 크게 칭송하는 자녀들과 남편의 모습이 나옵니다. 복되고 행복한 가정의 모습입니다.

그런데 31장을 자세히 보면 칭찬이라는 말이 가장 많이 나옵니다. 28절에서도 "그의 자식들은 일어나 감사하며 그의 남편은 칭찬하기를" 이라고 되어 있습니다. 여기에 감사라는 단어도 칭찬과 같은 뜻의 단어입니다.

30절에서도 "오직 여호와를 경외하는 여자는 칭찬을 받을 것이라." 31절에서도 "그 손의 열매가 그에게로 돌아갈 것이요 그 행한 일로 말미암아 성문에서 칭찬을 받으리라." 성문에서 칭찬을 받는 것은 사회적으로도 칭찬을 받는다는 뜻입니다.

중요한 것은 복된 이 가정 안에 칭찬이 넘쳤다는 사실입니다. 사람은 서로 인정해줄 때 행복하게 됩니다. 사랑은 상대방을 인정해주고 존중해주는 것입니다. 그리고 그렇게 사랑으로 인정해주는 것의 대표적인 것이 바로 칭찬입니다.

그래서 그렇게 적절한 사랑의 칭찬을 많이 듣고 자란 아이는 건강한 자아상을 갖게 됩니다. 가족들 간에 서로 인정해주는 것이 중요합니다.

자고로 칭찬이 넘치는 가정은 행복하게 되어 있습니다. "어떻게 이렇게

찌개가 맛있어~" 그러면 다음에는 더 잘 나오게 되어 있습니다♥

국내적으로, 세계적으로 왜 일류요리사가 주로 남자들인 줄 아시나요? 여자들이 음식을 맛있게 하면 "아! 그냥 맛있다 보다." 별 반응이 없습니다.

그런데 남자가 요리를 하면 기특하거든요. 그래서 주변에서 맛있다고 칭찬을 많이 해줍니다. 그래서 칭찬과 인정받은 것이 너무 좋아서 자꾸 요리를 만들다보니 일류 요리사가 되는 것입니다. ^ ^

상대방을 인정해주면서 칭찬하면 뭐든지 더 잘하게 됩니다. 잔소리나 비난으로는 사람이 안 바뀝니다.

영국 속담에도 "사람들은 잔소리하는 대로가 아니라 칭찬해주는 대로 된다" 라는 말이 있습니다. 사람을 바꾸는 데는 비난이나 잔소리 보다는 격려와 칭찬이 훨씬 더 효과적입니다.

칭찬은 그냥 저절로 되지 않습니다. 부정적인 생각과 입을 바꾸어 고치기 위해서는 주님 안에서 부단한 사랑의 연습과 노력이 필요합니다. 그러나 자꾸 시도하고 해보면 잘 됩니다.

그렇게 해서 상대방을 사랑으로 존중하며 칭찬할 때 모두는 행복하게 되는 것입니다. 특히 가정에서 그러한 칭찬을 서로서로 나누어야 합니다.

혹시 남편의 버릇 때문에 골치 아프신 계신가요? 아내가 힘들어하는 것 중에 하나는 남편이 집에 들어와서 양말이나 옷을 아무데나 휙 벗어 던지는 것입니다.

아내는 그러한 남편의 버릇 때문에 속이 상하게 됩니다. ‘내가 깨끗이 치워놨더니만 이렇게 만드네.” 하면서 속상해 합니다.

그래서 남편을 향해 싫은 소리를 던집니다. 바가지를 긁습니다. 그러나 효과가 없다는 것을 잘 아실 겁니다.

어떤 집도 그랬습니다. 그래서 그 집 아내도 속이 자주 상했습니다. 그 집의 아내는 “내 남편 언제 저 버릇 고쳐지나?” 속으로 생각하면서 식탁에 앉아 있었습니다.

그러다가 좋은 생각이 났습니다. 좋은 점을 찾아서 칭찬을 해주기로 마음먹었습니다.

그 날도 남편은 돌아와서는 평소 습관대로 양말을 벗더니 휙 집어 던졌습니다. 그런데 아무데나 집어던진다는 것이 그날따라 빨래 바구니 속으로 쏘옥 들어갔습니다.

그것을 본 부인은 이렇게 한마디 했습니다. “아니 당신은 그 양말을 어떻게 저 바구니에 쏘옥 집어넣어요? 보통 실력이 아니 예요. 당신 실력 대단해요. 당신은 뭐든지 잘해요!’

그 한마디에 남편은 기분이 너무 좋아졌습니다. 그러더니 습관이 변화되기 시작했습니다.

이후에 양말이나 옷을 집어던지는 것은 여전했지만 집어던져서 바구니에 안 들어가면 들어갈 때까지 던졌습니다.

또한 모든 일에 아내가 칭찬을 해주니 매사에 긍정적인 행동을 하게 되

었습니다. 아내의 마음도 편안해지고 남편도 함께 행복하게 되었다고 합
니다.

**이런 말이 있습니다. "칭찬으로 바꿀 수 없는 버릇은 없다. 칭찬이야말
로 사랑의 기술 중에서 최고의 기술이다."**

사랑으로 칭찬하면 주변 사람들이 아주 긍정적으로 바뀝니다. 학적으로
도 그런 사례들이 많이 보고되고 있습니다.

칭찬은 상대방의 삶을 아름답게 하고 가정을 행복하게 만들어줍니다.

이런 말이 있습니다. "수 만 톤의 가시는 벌 하나도 끌어오지를 못한다.
그러나 꿀은 단 한 방울일지라도 수많은 벌들을 불러온다."

**칭찬은 좋은 꿀과 같습니다. 몸에도 아주 좋고 힘이 되고 좋은 기쁨과 행
복을 가져다줍니다.**

운동선수들도 어떻게 자신의 실력과 에너지를 시합 중에 더 많이 잘 발
휘할 수 있게 될까요? 어디서 그 힘을 공급 받을 수 있나요? 바로 응원소
리입니다. 사랑으로 격려해주고 응원해주는 소리를 듣게 되면 선수들은
큰 힘을 발휘하게 됩니다.

누구든 격려의 말을 들으면 그 마음과 인생이 밝아집니다. 칭찬의 소리
를 들으면 금방 신바람이 납니다.

영화 '트위스터' 등 많은 작품에 출연했던 헬렌 헌트라는 유명한 여
배우가 있습니다.

그녀는 TV 단역배우부터 시작했는데 비중 있는 배역에 도전해보려고 수

많은 오디션들에 도전했습니다. 그러나 그 때마다 떨어졌습니다.

고심 끝에 결국 배우의 길을 포기하기로 결심한 그녀는 너무나 아픈 마음을 안은 채 힘들어 하고 있었습니다.

그런데 그러한 마음을 길을 가는데 어떤 사람이 그녀를 알아보는 것이었습니다. 그 사람은 깜짝 놀라며 그녀에게 "당신을 TV에서 봤는데 진짜 연기가 일품이었습니다. 좋은 재능이 있더군요." 라고 말했습니다. 그 말 한 마디가 정말 그녀의 인생을 바꿨습니다. 그녀는 다시 도전했고 결국 '파이오니아 우먼' 이라는 드라마 오디션에 합격했습니다.

그 드라마로 인해 스타덤에 오르게 된 헌트는 "그 때 나에게 칭찬을 해 준 그 분은 아마도 나를 도와주러 나타난 천사였다." 고 말하면서 "나는 이 세상에 천사가 있다는 말을 믿는다." 고 말했습니다.

모든 것을 포기하려던 사람들에게 진정한 사랑과 긍정이 담긴 칭찬과 격려는 큰 힘과 축복이 됩니다.

누구든 비판받고 비난받으면 "나는 안 되나 보다. 포기하는 것이 낫겠다." 는 생각에 빠지기 십상입니다.

사람의 마음이란 생각보다 약해서 그렇게 되기 쉽습니다. 금방 기가 꺾이기 쉽습니다. 아무리 강해 보이는 사람들도 그렇습니다.

반면에 사랑의 칭찬과 격려를 들으면 삶의 의욕과 용기와 새 힘이 생기게 됩니다.

리더십의 달인으로 유명한 신앙의 사람 존 맥스웰도 "격려는 영혼의 산소" 라고 말했습니다.

잠언 27장 21절에서는 "도가니로 은을, 풀무로 금을, 칭찬으로 사람을 단련 한다" 즉 칭찬으로 사람이 강건해진다고 했습니다.

욥기 4장을 보면 욥은 평상시에 손이 늘어진 자를 강하게 하였고 넘어지는 자를 말로 붙들어 주었다고 되어 있습니다.

그래서 욥을 통해서 사람들이 힘을 얻고 소생되었습니다. 우리도 예수님 닮은 칭찬과 격려의 사람들이 되어야 합니다.

히브리서 10장 24절에서 "서로 돌아보아 사랑과 선행을 격려하며" 라고 말씀합니다.

우리는 다른 사람들을 돌아보면서 칭찬해주고 격려해주어야 합니다. 칭찬하는데는 특별한 비용이 들지 않습니다. 그런데도 칭찬은 비타민보다 더 좋고 효과적입니다.

의사들이 하루에 권하는 비타민의 양은 하루 600mg입니다. 그런데 만일 우리가 이 칭찬 비타민을 하루에 한 번 씩만 가족들에게 먹여도 가족들은 금방 원기 왕성하게 될 것입니다. 힘을 내게 되고 활기차게 될 것입니다.

칭찬은 하나님의 은총 안에서 그런 놀라운 위력과 능력이 있는 것입니다.

누구보다도 하나님은 우리를 사랑으로 격려하시고 칭찬해주십니다.

스바냐 3장 19절에서 말씀합니다. "그 때에 내가 너를 괴롭게 하는 자를 다 벌하고 저는 자를 구원하며 쫓겨난 자를 모으며 온 세상에서 수욕 받는 자에게 칭찬과 명성을 얻게 하리라."

고린도전서 4장 5절에서도 주께서 오시는 그 때에 각 사람에게 하나님으로부터 칭찬이 있을 것이라고 하셨습니다.

그러므로 우리를 격려해주시는 하나님의 사랑을 기억하시면서 그 사랑 안에서 강건하시고 소망 중에 기뻐하시면서 가족, 지체와 이웃들을 향해 사랑으로, 진심으로 칭찬, 격려를 전해주시고 행복한 은혜를 함께 공유하시기 바랍니다.

28 / 축복해주는 여유는 모두를 행복하게 한다

"마음의 즐거움은 얼굴을 빛나게 하여도 마음의 근심은 심령을 상하게 하느니라 명철한 자의 마음은 지식을 요구하고 미련한 자의 입은 미련한 것을 즐기느니라 고난 받는 자는 그 날이 다 험악하나 마음이 즐거운 자는 항상 잔치하느니라 가산이 적어도 여호와를 경외하는 것이 크게 부하고 번뇌하는 것보다 나으니라 채소를 먹으며 서로 사랑하는 것이 살진 소를 먹으며 서로 미워하는 것보다 나으니라 분을 쉽게 내는 자는 다툼을 일으켜도 노하기를 더디 하는 자는 시비를 그치게 하느니라"(잠 15:13-18)

어느 날 한 공처가의 집에 친구가 놀러 갔습니다. 마침 공처가는 앞치마를 빨래하고 있었습니다.

이를 본 친구가 말했습니다. "자네! 한심하네. 안 사람 앞치마나 빨래하고 있으니!"

그 말을 듣고 공처가는 버럭 화를 내며 말했습니다. "내가 어디 우리 아내 앞치마나 빨래할 사람으로 보이나? 이건 엄연히 내 앞치마야.." ^^

인간관계의 행복은 상대방을 여유 있게 축복하며 대할 때 생겨나게 됩니다. 그럼에도 '여백의 미'가 때로 중요 하듯이 사랑의 관계에서도 여유로운 사랑의 공간이 필요합니다.

우리가 행복한 삶을 살려면 사랑으로 축복하는 삶을 살아야 합니다.

잠언 15장 17절에서도 "채소를 먹으며 서로 사랑하는 것이 살진 소를 먹으며 서로 미워하는 것보다 나으니라." 고 되어 있습니다.

여기에 행복한 인간관계의 결정적인 비결과 특징이 있습니다. 그것은 서로를 사랑으로 축복해주는 것입니다.

중병에 걸려 세상을 떠나기 직전인 도둑이 있었습니다. 그는 곁을 지키는 아내에게 이렇게 유언을 남겼습니다.

"여보, 평생 애만 먹었는데 이렇게 곁에 있어주어서 고맙소. 그래서 당신한테 주먹 만한 루비 보석 하나 남기고 가리다."

이 말을 들은 아내는 너무나 감격이 되어서 물었습니다. "여보! 도대체 그 루비는 어디 있어요? 저는 못 봤는데..."

그러자 도둑남편은 이렇게 이야기 했습니다. "우리 옆 동네에 사는 김 회장 집 안방에 장롱이 있는데 거기 세 번째 서랍에 들어 있소." ^ ^

돈이 많고 재산이 많다고 행복한 것이 아닙니다. 오히려 신기루와 같을 때가 많습니다. 행복은 소유에 있지 않고 서로 사랑하며 축복하는 삶 속에 행복이 있습니다.

잠언 17장 1절에도 "마른 떡 한 조각만 있고도 화목 하는 것이 제육이 가득하고도 다투는 것보다 나으니라" 고 되어 있습니다.

마른 떡 한 조각과 제육은 반대되는 것입니다. 제육은 불고기, 돼지고기, 갈비 등 온갖 고기 음식들을 말합니다. 잠언 17장 1절을 개역 성경에서는 육선 즉 고기반찬으로 번역해 놓았습니다.

그 마른 떡 한 조각은 매우 가난한 것을 상징합니다. 반대로 육선이 가득한 것은 소위 부자 집을 상징합니다.

잠언 17장 16절에도 "가산이 적어도" 라고 되어 있고, 17절에도 "채소를 먹으며" 라고 되어 있습니다.

그러나 그렇게 가난해도 하나님을 경외하며 서로 사랑하는 것이 기름진 고기로 가득한 부자 집이어도 늘 다투며 불행하게 사는 집 보다 훨씬 더 행복한 집입니다. 비교할 수 없이 복된 집입니다.

어릴 적에 비록 나이키를 못 신고 동대문 표 나이스를 신고 다닌 기억이 나지만 따스했던 추억이 많습니다. ^ ^

많은 사람들은 물질을 우선합니다. 그러나 가난할지라도 하나님을 모시고 살면서 가족 간에 서로 사랑하면 복되고 좋은 행복을 누리게 된다고 성경은 강조합니다.

이상하게도 재산이 많은 가정치고 화목한 예가 매우 드물다고 합니다. 거의 없다고 봐도 무방합니다.

반면에 그리 풍족하지는 않지만 서로 사랑하는 가정 안에 행복이 가득한 것을 보게 됩니다.

김소운 님의 수필 『가난한 날의 행복』 은 너무나 잘 알려진 글입니다. 그 수필 안에 몇 가지 실화가 나옵니다. 그 이야기들을 통해 좋은 행복은 사랑하며 살 때 이뤄진다는 것을 그 수필이 말해줍니다.

거기에 보면 이런 이야기가 나옵니다. 쌀이 없어 아침을 굶고 출근한 아내를 위해 실직한 남편은 어렵게 쌀을 구해 점심상을 준비합니다.

따뜻한 밥 한 그릇에 찬으로 간장 한 종지를 마련한 남편은 초라한 밥상을 대할 아내를 생각하며 "왕후의 밥, 걸인의 찬" 이라는 쪽지를 밥상 위에 남깁니다.

아내는 집에 돌아와 그러한 남편의 마음이 담긴 쪽지를 보고 아내는 왕후가 된 것보다 더 마음 뿌듯한 행복감에 눈물이 핑 돌게 됩니다.

또한 그 수필에 보면 남편을 일찍 여의고 홀로 자식을 키운 여인에게 힘이 되어준 죽은 남편의 따뜻한 손길에 대한 이야기도 나옵니다.

광복 직후, 사업에 실패한 여인의 남편은 사과 장사를 시작하게 되었습니다. 그러던 어느 날 춘천으로 사과 장사를 떠난 남편이 사흘이 지나도록 돌아오지 않자 불안한 아내는 남편을 찾으러 무작정 춘천으로 떠났습니다.

춘천에 도착한 아내는 천신만고 끝에 남편과 만나게 되고 남편으로부터 피치 못할 그간의 어려움을 전해 듣습니다.

서울로 돌아오던 경춘선 기차 안에서 남편은 아내의 손을 꼭 쥔 채 3시간이 넘도록 놓지 않습니다. 아내는 그 때의 따스했던 남편의 손길에서 힘을 얻어 이후 세상을 떠난 남편 대신 꿋꿋하게 어린 자녀들을 키우며 잘 살아올 수 있었다고 이야기합니다.

이처럼 가난하고 소박하지만 사랑하는 마음으로 살아갈 때 인생은 의미가 있고 행복합니다.

잠언의 저자인 솔로몬은 우리에게 말합니다. "만약에 그대가 행복을 원한다면 돈은 없지만 화목한 집안을 택하라. 이것이 지혜이니라."

행복은 어디에서 오는가? 뭐니 뭐니(money money) 해도^ ^ 결국은 사랑하며 축복하는 삶입니다. 사랑하며 축복하며 살 때 행복해집니다.

우리는 하나님의 사랑으로 가족이나 우리 주변 사람들을 늘 긍정적으로 대하며 살려고 해야 합니다. 긍정적인 마음과 상대방을 사랑으로 축복하는 삶은 항상 직결되어 있습니다.

두 소년이 살고 있었습니다. 첫째 소년은 행복하게 삶을 살았고 둘째 소년은 불행한 마음으로 인생을 살았습니다.

그 두 소년의 대화는 늘 이렇습니다. 함께 포도를 먹을 때 첫째 소년이 둘째 소년에게 이렇게 묻습니다. "포도 맛이 참 좋지?" 그러면 둘째 소년은 말합니다. "그렇지만 씨가 너무 많아!"

꽃밭을 지날 때도 첫 번째 소년은 말합니다. "우와, 저 장미꽃 정말 예쁘다. 그리고 향기도 좋아, 와 정말 행복해." 그러면 옆에 있던 둘째 소년은 말합니다. "하지만 가시가 잔뜩 있잖아!"

음료수를 마실 때도 두 번째 소년은 늘상 말합니다. "벌써 반이나 먹어 버렸네. 얼마 안 남았어!" 그러면 첫 번째 소년은 이렇게 말합니다. "아직도 반이나 있네. 참 좋다!" ^ ^

사람은 해와 달과 별들을 좋아합니다. 왜냐하면 밝기 때문입니다. 사람은 밝은 것을 좋아합니다.

우리는 매순간 최선을 다해 밝음을 선택해야 합니다. 고난 속에서도 우리는 하나님을 바라보며 밝음을 선택해야 합니다.

인간관계에서도 마찬가지입니다. 상대방을 주님의 사랑으로 밝은 마음으로, 긍정적으로 대해야 합니다. 축복하며 대해야 합니다.

사랑은 상대방을 좋게 보아주는 것입니다. 정확하게 보는 것보다 더 중요한 것은 좋게 봐주는 것입니다.

예수님은 우리에게 장점이 하나만 있을지라도 그것을 전부인 것처럼 봐주십니다. 우리를 진정으로 사랑하시기 때문입니다.

그렇게 예수님 닮은 마음으로 상대방을 밝게, 긍정적으로 대할 때에 사랑하며 살 수 있습니다. 그럴 때에 행복하게 됩니다.

그러한 마음으로 가정에서, 곳곳에서 사랑과 행복을 가꾸며 살아가시기를 축복합니다.

고린도전서 13장에서 "사랑은 오래참고 사랑은 온유하며 시기하지 아니하며 사랑은 자랑하지 아니하며 교만하지 아니하며 무례히 행하지 아니하며 자기의 유익을 구하지 아니하며 성내지 아니하는 것" 이라고 하였습니다.

18절에도 "분을 쉽게 내는 자는 다툼을 일으켜도 노하기를 더디 하는 자는 시비를 그치게 하느니라" 고 말씀합니다.

이 분노라는 것은 우리가 강박적일 때 생겨나게 됩니다. 강박이라는 말은 사로잡혀 있는 생각을 뜻합니다.

 사람이 건강치 못한 강박을 갖고 있으면 몇 가지 특징들이 나타나게 됩니다. 우선 자신의 것에 집착하게 되고 충동적으로 조급하게 되고 나아가서는 부정적인 감정이나 분노들을 많이 갖게 됩니다.

 잠언 14장 29절에서는 "노하기를 더디 하는 자는 크게 명철하여도 마음이 조급한 자는 어리석음을 나타낸다." 고 되어 있습니다.

 강박적이면 다른 사람의 실수에 대해 잘 용납하지 않습니다. 강박적인 부모는 기말 시험에서 자녀의 성적이 반에서 아주 우수해도 만족하지 못합니다. 대신에 "그 두 문제는 왜 틀렸어?" 그렇게 이야기 합니다. ^ ^

 또한 "수고고 많았지?" 라는 위로나 "좀 쉬었다 하라. 잘했다." 라는 칭찬의 말이나 안식을 권하는 말을 잘 하지 않습니다.

 몸이 아파서 학원에서 일찍 돌아온 자녀에게 "평소에 운동하라고 했잖아!" 한 마디로 다그칩니다.

 상대방에게 완벽하기만을 기대하면서 정작 상대방의 마음을 알아주지 않는 것입니다.

 사람이 강박 대신에 하나님의 사랑이나 좋은 생각으로 가득 차 있으면 참 좋습니다. 마음에 기쁨과 평안, 사랑의 여유가 있게 됩니다. 여유가 없이 강박이 심하면 조급해 하거나 분노가 있게 됨으로 상대방을 위압적으로 대하기가 쉽고 그로 인해 다툼이 생겨나게 됩니다.

우리는 사랑의 여유를 갖고 상대방을 이해하며 살아야 합니다. 우리는 타인들에게 좋은 여유를 줄 수 있어야 합니다. 상대방에게 쉴 수 있는 여유, 생각할 수 있는 여유 등을 배려해주어야 합니다.

우리가 주님께 모든 것을 맡기며 강박적인 데에서 자유롭게 되고 마음의 여유를 갖게 되면 분노는 사라지고 즐거움과 사랑이 가득하게 됩니다.

마음의 평온함과 여유를 갖게 되면 가족과 이웃을 향해 칭찬과 격려의 사랑의 공감과 대화를 나누며 살게 되는 것입니다.

그리고 그것이 자신의 행복 뿐 아니라 가정의 행복, 곳곳에서의 행복으로 이어지게 되는 것입니다.

우리는 우리를 지극히, 영원히 사랑하시는 하나님을 바라보면서 마음의 긍정과 기쁨과 여유를 품어야 합니다.

하나님은 우리를 가장 사랑하십니다. 늘 감싸주시고 돌봐주십니다. 그러기에 우리는 하나님을 바라볼 때 긍정적인 생각, 즐거운 마음으로 살 수 있습니다. 그리고 강박과 분노를 버리고 여유와 사랑을 갖고 상대방을 주님 안에서 축복하며 살 수 있습니다.

날마다 사랑으로 사람들을 축복하며 사시기 바랍니다. 쉼과 안식, 행복이 꽃피는 인생이 될 것입니다.

7장 나눔을 위한 질문

1. 가족과 이웃에게 사랑의 따스함을 전해주는 구체적인 방법들은
   어떤 것들이 있을까요?

2. 다른 사람들을 사랑으로 축복하는 삶과 행복은 어떤 관계가 있으며
   내 자신과 나아가 다른 사람을 위해 축복하며 살 때 어떤 유익들이
   있다고 생각하시나요?

3. 사람들이 인간관계에 있어서 여유를 갖지 못하고 다른 사람들을
   강압적으로 대하게 되는 이유는 무엇이라고 생각하시나요?

4. 가족이나 상대방을 좋게 칭찬하는 것이 왜 중요하다고 생각하시나요?

5. 상대방을 세워주는 좋은 칭찬의 특징은 어떤 것인가요?

* 유머퀴즈 : 머리를 감을때 제일먼저어딜 감을까요?
  (정답: 눈을 감는다 ^^)